韩兴娥课内海量阅读丛书

成语笑话

编著 / 邹敦怜　林丽丽　韩兴娥

编委 / 宋彦国　霍宗学　刘海滨　张伟平

　　　　文恩祥　高春花　赵素英　郑明富

　　　　罗义蘋　赖庆雄

· 第 2 版 ·

江西人民出版社
Jiangxi People's Publishing House
全国百佳出版社

图书在版编目（CIP）数据

成语笑话 . 4 / 邹敦怜 , 林丽丽 , 韩兴娥编著 .

2 版 . -- 南昌 : 江西人民出版社 , 2024. 11. -- (韩兴娥课内海量阅读丛书). -- ISBN 978-7-210-15327-6

Ⅰ . G624.203

中国国家版本馆 CIP 数据核字第 20240FA132 号

版权登记号 : 14-2016-0115

本中文简体字版图书由台湾萤火虫出版社授权江西人民出版社独家出版。

成语笑话 4（第 2 版）

CHENGYU XIAOHUA 4（DI 2 BAN）

邹敦怜　林丽丽　韩兴娥　编著

策 划 编 辑：杨　帆

责 任 编 辑：胡文娟　吴丽红

书 籍 设 计：白　冰　游　珑

 江西人民出版社　出版发行
Jiangxi People's Publishing House
全国百佳出版社

地　　　址：江西省南昌市三经路 47 号附 1 号（邮编：330006）

网　　　址：www.jxpph.com

电 子 信 箱：jxpph@tom.com

编辑部电话：0791-86899133

发行部电话：0791-86898815

承 印 厂：江西千叶彩印有限公司

经　　　销：各地新华书店

开　　　本：787 毫米 × 1092 毫米　1/16

印　　　张：9

字　　　数：110 千字

版　　　次：2018 年 9 月第 1 版　2024 年 11 月第 2 版

印　　　次：2024 年 11 月第 1 次印刷

书　　　号：ISBN 978-7-210-15327-6

定　　　价：22.00 元

赣版权登字 -01-2024-586

目录

自序

成语是汉语的精练呈现，是中华文化隽永的智慧，是古人的哲理巧思。每一则成语，都给阅读者提供了深刻的意境，以及难以言传的语感表现。透过一个个典故、传奇、故事，成语同时也展现了文字的精致之美。

在教学中，教师常喜欢引导学生恰当地使用成语。无论是作文还是说话，运用成语常有画龙点睛的效果。但是，要怎样让学生与成语的接触更有趣？我们想到了"笑话与成语"的组合。

在这本书中，基本每一篇都分成四个部分：

首先呈现给广大读者的是一个幽默谐趣的笑话。把常用的成语巧妙地融入笑话中，可以让学生从具体情境中，了解成语的意义及其用法。

"成语意思猜一猜"列出了前面笑话中所运用到的成语的释义。它以游戏的方式，让学生来猜出相应的成语，拓展成语的延伸意义，让读者知道成语更深刻的含义。

"成语运用猜一猜"设计了句子或短文，让读者小试身手，引导其运用本篇所学习的成语，促使他们更熟练地运用成语。

"成语万事通"延伸了本篇所列成语的课外知识，包括历史事件、典故由来、寓言故事、神话传说、作品名句，与成语有关的科学、人文、社会等知识，让学生在认识成语的同时，能更伸展学习的触角。

以笑话为载体，让所有学习者一窥成语世界的神奇奥妙，进而引发对学习语文的兴趣，这是一条事半功倍的捷径。希望有更多的人共襄盛举，把这样的理念、想法，运用在课堂上、亲子互动中，让更多美好的语言文字，装点我们的生活，丰富我们的世界。

邹敦怜　林丽丽

自序
二

本书于 2018 年 9 月出版，6 年来，重印过多次。每次重印，编者都会根据读者反馈对内容作出适时适当的修改、调整和补充，使之更趋完善。此次再版，我们也对编校方面的讹误作了订正，以期更适合广大读者朋友使用。

说起与本书的渊源，我还记得那是 2013 年的暑假，北京图书大厦书架上的一套《看笑话 学成语》进入我的视线。我随手翻开，一眼就断定——这就是我们要找的书！它是为"课内海量阅读"量身定做的书！真佩服邹敦怜、林丽丽这两位台湾教师，她们让孩子们在笑声中学习成语，这是多么巧妙的构思！没想到海峡对岸的同胞竟然与我如此心有灵犀！于是，我毫不犹豫地买下一套，并邀请几位好友改编和试教。

在改编过程中，我们发现一个笑话中只有四个成语，似乎太少了！于是，我们绞尽脑汁地添加成语、改编笑话，希望用最短的篇幅给予孩子最丰富的语言，又不失原文的无穷妙趣。

改编工作持续了两个暑假。伴着腰酸背痛，我们美滋滋地憧憬：这套"不用老师教，学生就能自学"的书呈现在孩子们面前时，他们边笑边读，边读边笑，阅读的快乐氛围弥漫整个教室。我们禁不住偷偷乐起来！

改编后的书稿首先进入了我们自己的课堂。果然，我们欣喜地看到，孩子们一会儿哈哈大笑，一会儿沉思静读，完全沉浸在书香墨韵之中。看到孩子们学习得兴致盎然，老师教得轻松愉悦，我们所有的辛苦皆化成甜蜜的幸福。

在教学过程中，我们发现这套书为孩子在阅读和写作之间搭建了一座桥梁，能够有效地激发他们使用语言的自觉意识和强烈欲望。通过学习这套书，孩子们能达到这样一种状态：学了成语，仿佛新获宝剑，时刻捕捉战机，一有机会，即用之而后快。有了这样的意识和欲望，才能形成自觉运用语言的习惯，才能学好语言。

于是，我们为每本《成语笑话》都做了课件，通过课件向学生展示学习方法。单个故事的学习过程是：

1. 听笑话故事；

2. 自己练习讲故事；

3. "开火车"口头填成语；

4. 看成语接力讲故事。

笑话故事的录音可以到喜马拉雅上免费收听，也可以由学生录音。老师可以按进度一个单元、一个单元地放给学生听，也可以把整本书的录音全部放给学生听；可以由老师或学生现场朗读，也可以由几个学生事先排练然后分角色朗读。听完故事后，师生可以讨论故事笑点在哪里，然后齐读成语。

学生在自己练习讲故事的这个环节，可以复述书上的笑话故事，也可以用笑话故事中的成语创编故事。"开火车"口头填成语可以进一步巩固成语。课件上每五个故事提供一课"口头填成语"，供老师和家长抽查。学生只要能读熟并复述故事，做这个练习轻而易举，就不用专门练习。

看成语接力讲故事可以提高学生复述和创编故事的能力。为了便于学生自学、老师教学，整本书每一个故事的成语都配有课件。在课堂上，有的学生讲故事不按书中的情节，但总有学生能给故事编出一个圆满的结尾。感觉故事讲不下去时，就是学生最期待的时候。

特别指出："开火车""接力"可以方便老师快速检查学生的掌握情况。要落实每一个学生的达标情况，老师要在课堂上将"开火车""接力"检查和个别检查结合起来。在"开火车""接力"的检查过程中，全体成员都通过了的合作小组可以获得"免试"资格。这样能有效地促进小组成员之间的互帮互学。

通过一节课、一组笑话故事的学习，学生就能了解自学的方法，摸索出老师检查的规律，从而进行自学和小组合作学习。从第二单元的笑话故事开始，老师就不必总打开电脑，只需利用课件检查学生对故事的学习情况。

学习几个单元的笑话或一本书后，就安排一次"阶段书面运用竞赛"，即合作小组四个成员看着答案中的成语，在限定的时间内用老师给出的成语写句子或段落，一共能运用多少个成语，小组就能得到相应的分数。于是学生竞相应用，合作小组成员主动交流如何学以致用，以求自己的小组得到高分。

以上是我喜欢的，我的学生也习惯的"课内海量阅读"学习方法，我们一个多星期可以学完一本《成语笑话》。没有"海读"基础的班级可以一个单元、一个单元地慢慢学，用两到三个星期学完一本。

学习的流程也可以这样安排：

1. 预习。老师提前给合作小组排出"讲课表"，小组成员在课前演练如何"讲课"。可以轮流上台复述故事，可以全组成员分角色朗读，或者表演读……老师鼓励学生提前用大纸写好或在黑板上板书笑话中的成语和生疏的字词，便于边讲边指这个词，带领全班同学诵读。这些资料可以保存起来，留待"阶段书面运用竞赛"时用。

2.**讲述**。上课时，各小组派代表上台，采用不同的形式讲笑话。老师鼓励学生不仅要把这个笑话中出现的成语都用上，还要尽可能地增加成语。同时，要把"笑点"讲明白，还可以向台下学生提问，台下学生也可以质疑问难。

3.**自测**。学生看书自测某单元笑话中的"成语意思猜一猜""成语运用猜一猜"。

4.**强化**。把某单元笑话中有一定难度的"成语意思猜一猜"打乱顺序投映到屏幕上，进行强化练习。不喜欢经常打开多媒体的老师可以每周利用一节课进行集中强化练习。

5.**运用**。把当堂所学的成语排列在黑板或屏幕上，也可以看着书后面"参考答案"中的相关成语，让学生说几句或一段话，看看能用上其中多少个成语，并以小组为单位计分。

6.**阶段练习**。每学几组笑话或一本书，可以组织一次"阶段书面运用竞赛"。不论学习的速度快或慢，"阶段书面运用竞赛"都能促进互帮互学，还能促进阅读能力向写作能力的转化。

课堂上要挤出时间给学生展示和分享。学生可以创作图画让大家猜成语，可以找一找本组成语的同义或反义成语，还可以运用学过的成语写日记或合作写循环日记……

走在"海读"路上的日子里，总是期盼着孩子们笑着，读着，表演着，创造着……

韩兴娥

2024 年 11 月

上课流程

1 预习

2 讲述

4 强化

3 自测

5 运用

6 阶段练习

教无定法，希望师生共创有创意的学习流程

01

第 1 篇
买东西

　　有对夫妻**琴瑟（sè）和鸣**，当软件工程师的先生对太太一向**千依百顺**，两个人**凤凰于飞**十几年，让人好生羡慕（xiàn mù）。一天，先生下班前，接到太太的电话。太太说："亲爱的，请你顺便带十个包子回家，如果看到卖西瓜的，就买一个。"结果，晚上先生回到家，太太开门一看，笑得**前仰后合**："你怎么只买一个西瓜？"先生赶紧解释事情的**前因后果**："我本来打算买十个包子，因为看到卖西瓜的，就买了一个西瓜，这是对你**从令如流**哇！"

1. ＿＿＿＿＿＿：形容事事都顺从，毫不违背。

2. ＿＿＿＿＿＿：身体前后晃动。形容大笑或困倦得直不起腰的样子。

3. ＿＿＿＿＿＿：形容有令必行。

4. ＿＿＿＿＿＿：事情的起因和结果。

5. ＿＿＿＿＿＿：比喻夫妻感情融洽（róng qià）和谐（xié）。

6. ＿＿＿＿＿＿：比喻夫妻和好恩爱。

1. 他们夫妻俩＿＿＿＿＿＿＿＿＿，平常很少起争执（zhí）。

2. 家长要尊重孩子，但不能对孩子＿＿＿＿＿＿＿＿＿。

3. 你想知道这件事情的＿＿＿＿＿＿＿＿＿，就请看看这篇报道吧！

4. 叶家夫妇感情很好，他们＿＿＿＿＿＿＿＿＿，让许多人十分羡慕。

5. 我讲了一个笑话，同学们笑得＿＿＿＿＿＿＿＿＿。

6. 战士们对司令部＿＿＿＿＿＿＿＿＿，只要是发来的指示，就必须立刻执行。

 成语 万事通

大自然中的"模范夫妻"

　　婚礼中给新人的祝贺，时常会用到成语，如凤凰于飞、新婚燕尔、比翼双飞、喜缔（dì）鸳鸯（yuān yāng）……每一个祝贺语，都期望新婚夫妻能白首偕（xié）老。你是否发现了呢？这些成语中用到的喻体，都是大自然中的鸟类。有不少鸟类是大自然的"模范夫妻"。像白头海鸥，它们会彼此守候，直到其中一方死去；企鹅也是无可挑剔的好伴侣，它们总是恩爱地靠在一起，一起孵蛋、一起照顾小企鹅；黑秃鹰表现恩爱的方式是时时刻刻注意对方，绝对不允许两人世界里出现第三者。这些鸟类坚决守护彼此，情深意切，让人动容。

第 **2** 篇

喂大象

　　圆圆今年六岁了，爸爸妈妈对她的关心**无微不至**，除了重视均衡的营养、充分（fèn）的睡眠（mián）和适当（dàng）的运动外，还怕她生蛀（zhù）牙，所以从来不买零食给她吃。但圆圆毕竟是个孩子，看着别人吃糖果、巧克力，她常常**垂涎（xián）欲滴**。圆圆也想了许多办法，爸爸妈妈就是不给她买。

　　圆圆经过**苦思冥想**，又想出一个办法。放学后，圆圆**意兴（xìng）盎（àng）然**地对爸爸妈妈说："今天老师要我们和爸爸妈妈玩扮家家，让我们从中懂得**父慈子孝**的道理，所以你们一定要和我玩。"

　　妈妈马上答应："好哇！那要我们扮什么角色呢？"

　　圆圆**眉开眼笑**，**简明扼（è）要**地说："爸爸当动物园的工人，负责清扫工作，我当大象，妈妈当**宅心仁厚**的饲养员，用糖果和花生喂大象。"

1.＿＿＿＿＿＿＿：形容兴致很浓的样子。

2. _____：没有一处细微的地方不考虑到。形容关心、照顾得非常细心周到。

3. _____：指人心地仁慈厚道。

4. _____：形容说话、写文章简单明了，能抓住要点。

5. _____：绞尽脑汁，深入地思考。

6. _____：父母对子女慈爱，子女对父母孝顺。

成语运用 猜一猜

1. 上台作口头报告时，一定要_____，不要冗（rǒng）长繁（fán）杂。

2. 他对于盆景艺术_____，经过几年的努力后，终于成为盆景艺术界著名的专家了。

3. 夏令营期间，老师把我们照顾得_____，尽量让我们玩得开心。

4. 李奶奶_____，乐于助人，大家都很尊敬她。

5. 如果每个家庭都做到_____，社会就会变得更加和谐。

6. 这道题我_____了很久，还是无法解决，只好求助于老师了。

第 **3** 篇

偷懒的字

　　四岁的小惠**聪明伶俐**，她看到六年级的姐姐看书时那种**怡**（yí，愉快）**然自乐**的样子，羡慕不已。于是，就拿出一本图画书央求妈妈教她认字。妈妈从图画书里找出些字来，教她认识了"日、月、山、川"这四个象形字。

　　看到爸爸下班回来，小惠**凫**（fú，野鸭）**趋雀跃**，对爸爸说："今天我识字了，已经会认四个字了，是不是很聪明？"

　　爸爸**笑逐**（zhú，追随）**颜开**，说："小惠真是**颖**（yǐng）**悟绝人**！把你学的字指出来念给爸爸听吧！"

　　小惠**煞**（shà）**有介事**地翻开图画书，找出"日、月、山"三个字，大声地念给爸爸听。可是找了半天，就是找不到"川"字。就在她**计无所出**、**一筹**（chóu）**莫展**之际，在书的另一页看见一个"三"字，她**惊喜交加**，指着"三"字说："原来这个'川'，竟然偷懒，躺在书本里睡大觉呢！"

 成语意思
猜一猜

1. _____：指装模（mú）作样，好像真有那么一回事。

2. _____：聪明过人。

3. _____：又惊又喜、惊喜参半。

4. _____：想不出什么办法。

5. _____：形容高兴而满足。

6. _____：像野鸭那样快跑，像鸟雀那样跳跃。形容
十分欢欣的样子。

7. _____：形容满脸笑容，十分高兴的样子。

8. _____：一点计策也施展不出，形容没有一点办法。

成语运用
猜一猜

1. 李想从小就_____，所以他的公司一直都发展得
很好。他经常在办公室里品着茶，听着音乐，_____
_____。可上个月公司资金周转出现问题，面临倒闭的危机。
一时间他_____、_____，只好闷（mèn）
坐在办公室的沙发里。突然，秘书小王兴高采烈地跑进办公
室，对李想说："经过谈判，银行终于答应贷款给我们，公司
保住了！"听到这个消息后，李想猛地抬起头，呆呆地注视
着小王，_____，高兴得不知道说什么。

2. 我把精心制作的贺卡送给外婆做生日礼物，外婆收到礼物
后_____。

3. 今天开会小李迟到了，在众目睽（kuí）睽之下，他若无其事
地坐了下来，还_____地拿出笔记本来。

4. 得知航天飞机顺利着陆的消息，人们_____、奔
走相告，兴奋到了极点。

第 4 篇
等汽车过去

　　小琪上小学一年级了，穿着全新的校服，背（bēi）着**清新俊逸**（yì）的新书包。虽然学校**近在咫**（zhǐ）**尺**，走路去学校只要五分钟，但是妈妈仍然每天开车接送小琪上学。

　　有一天，家里临时有事，妈妈要小琪自己走路上学，而且**千叮万嘱**（zhǔ）：一定要等汽车过后，才可以过马路。过了半个多小时，小琪**灰心丧气**地回来对妈妈说："我没法上学了。"

　　妈妈以为她身体不适，关心地问："是哪里不舒服吗？"

　　小琪**长吁**（xū，叹息）**短叹**："不是！你说要等汽车过去才可以过马路，可是我在马路这边**望眼欲穿**，等了很久，也没有一辆车子过去，害得我不能过马路，学校也就去不成了！"

 **成语意思**
猜一猜

1. ＿＿＿＿＿＿：形容距离很近。

2. ＿＿＿＿＿＿：反复地叮咛、嘱咐。表示对所嘱托之事非常重视，放心不下。

3. ＿＿＿＿＿＿：形容盼望非常急切。

4. ＿＿＿＿＿＿：形容丧失信心，意志消沉。

5. ＿＿＿＿＿＿＿：指时时发出叹息声。形容十分忧愁。

6. ＿＿＿＿＿＿＿：清美新颖，不落俗套。

成语运用

猜一猜

1. 妈妈告诫（jiè）上高中的姐姐一定要刻苦学习，又对她＿＿＿＿
＿＿＿＿＿＿＿，要注意身体。

2. 我站起来向窗外看了一眼，蒙蒙的春雨还在下着，看来春游
是去不成了，我＿＿＿＿＿＿＿＿＿地坐回椅子上。

3. 他们俩（liǎ）是同班同学，两（liǎng）家＿＿＿＿＿＿＿，
两人兴趣相投，所以成了无话不谈的好朋友。

4. 李清照的词＿＿＿＿＿＿＿，自成一格，千百年来流传至
今，传诵不息。

5. 过了预定时间，专家仍迟迟未到，人们＿＿＿＿＿＿＿＿。

6. 面对困境不能只是＿＿＿＿＿＿＿＿，要沉下心来想办法。

成语 万事通

"咫尺天涯" 是远还是近？

宋朝把八寸的距离叫作"咫"，把十寸的距离叫作"尺"。
我们常用"近在咫尺""相去咫尺"来表示距离很近的意思。

唐朝诗人李中曾写"门锁帘垂月影斜，翠华咫尺隔天涯"的诗
句，反映了一道宫门、一挂珠帘将两人相隔，近在咫尺又远在天涯。

后人就把"咫尺天涯""咫尺万里""咫尺千里"用来比
喻虽然距离很近，但是犹如相隔天涯一般，无缘相见。

第 5 篇

睡眠不足

刘星对数学课一向不感兴趣，不仅经常迟到，而且总打瞌（kē）睡。可是下课后，他立刻**精神百倍**，简直**判若两人**。

面对刘星这种**不以为意**的学习态度，老师**哭笑不得**，只好**苦口婆心**地相劝："你不喜欢数学课没关系，但至少要准时来上课，专心听讲啊！"

刘星**唯唯诺**（nuò）**诺**地说："是，是，是……"可事后依然**我行我素**。

有一天，刘星又迟到了，老师装出一副**额蹙**（cù）**心痛**的样子，对他说："哎哟，刘星啊！你不能再迟到了，否则你上课睡觉的时间变短，会造成睡眠不足哟！"

成语意思
猜一猜

1. _____：指同一个人前后表现截然不同。

2. _____：形容人不受外界影响，按自己平素行事方式去做。

3. _____：形容怀着慈爱的心反复地劝导。

4. _____：极度忧愁伤心的样子。

5._____：形容自己没有主见，只是一味地顺从。

1. 老王经常以自己的想法和方式行事，忽略了他人的存在，这种_____的行为，使大家都对他敬而远之。

2. 小杨在车祸中撞伤了腿，听到这个消息，朋友们一个个都__
_____。

3. 他_____地表示赞同大家的意见，生怕得罪任何人。

4. 无论妻子怎样_____地讲吸烟的害处，他都无法戒掉烟瘾（yǐn）。

5. 张经理平日不苟（gǒu）言笑，在主持会议时却十分幽默风趣，和平时_____。

计时工具

沙漏、日晷（guǐ）是古人用来计算时间的工具。日晷是以太阳的投影和方位来计时，而沙漏则是用沙子漏下的刻（kè）度来计算时辰的。

现在人们习惯以钟表来计算时间，根据钟表历史学家研究，钟表的雏（chú）形是北宋宰相苏颂所建造的水运仪象台，它的外形高大，以水力作为动力的来源。据说每天只有一秒钟的误差，我们不禁为古人的智慧而赞叹。

第 **6** 篇

长大这么多

　　过了一个暑假，小雨长得更高了，原来的衣服，现在穿起来像小了两号的迷你服，于是妈妈决定带她去买几套新衣服。

　　小雨试穿了几套之后，妈妈仍然**举棋不定**，售货员为了推销累得**口燥唇干**。妈妈指着其中两件问售货员："这两件衣服会不会缩（suō）水呀？"

　　售货员保证道："这位太太，您可真是**独具慧眼**，这两件衣服的布料都是高级的，绝对不会缩水，您就放心吧！"

　　没想到，穿了两天的衣服，洗完之后，竟然缩了许多，衣服穿在小雨身上，就像穿着紧身服。于是，妈妈带着小雨**怒气冲冲**地去找售货员："你这不是**弄虚作假**吗？你不是保证不缩水吗？你看这衣服和你说的相差**十万八千里！**"

　　售货员看了小雨一眼，随即灵机一动，**和蔼**（ǎi）**可亲**地说："这孩子长得真快啊！真是**士别三日，当刮目相待**，没想到才两天就长了这么多呀！"

成语意思
猜一猜

1. _____：指分开不久，别人已有进步，不能再用老眼光去看他。

2. _____：形容距离极远或差距极大。

3. _____：指口舌干渴。多形容话说太多。

4. _____：指用虚假的东西来蒙骗他人。

5. _____：指具有别人没有的眼光或见识。

6. _____：比喻做事犹豫不决，拿不定主意。

成语运用
猜一猜

1. 虽然大家都在尽力做好垃圾分类的工作，但是离节能减碳的目标还相差_____呢！

2. 记者小张_____，能够迅速捕捉热点，吸引大家的关注。

3. 几天不见，各位学问越来越渊（yuān）博，真是_____
_____呀！

4. 这节课的知识点太难了，老师讲解得都_____了，可同学们还是一脸茫然的样子。

5. 面对两所重点中学的录取通知书，小杜一时间_____
_____，不知道选择哪所学校。

6. 期末考试千万不能_____，否则很容易影响你的未来。

第 7 篇

英雄所见略同

刘星和小奕虽是**同气连枝**的兄弟，但总是为一些小事**争长论短**。有一天，两人为抢看电视节目又争吵起来。

刘星说："我是哥哥，你听过孔融（róng）让梨的故事吧！所以你应该让我才对。"

小奕也**不甘示弱**地说："你是哥哥，**敬老慈幼**你知道吧，所以你应该让我！"

妈妈被他们两人吵得**心烦意乱**，就责备他们说："你们怎么总是意见不同，为了**区区**小事争得**面红耳赤**，哪里有**兄友弟恭**（gōng）之道呢？"

刘星心有不服地说："这次您说错了。昨天您买苹果回来，我们可是**英雄所见略同**，两个人都希望得到大苹果呀！"

成语意思猜一猜

1. ＿＿＿＿＿＿＿：形容很小很小的事。

2. ＿＿＿＿＿＿＿：指有见识的人对某一事情的看法基本相同。

3. ＿＿＿＿＿＿＿：尊敬老人，爱护儿童。

4. ＿＿＿＿＿＿＿：心情烦躁，思绪杂乱。

5._____：争论是非。多指为了小事而争斗。

6._____：比喻同胞的兄弟姐妹。

成语运用
猜一猜

1. 同学们都认为班规要由大家共同讨论形成，而不应单独由老师制订。同学们的看法不谋而合，可以说是_____。

2. 你们是_____的兄弟，应该相亲相爱，没有必要为了小事反目成仇。

3. 我只是路过，顺手帮你倒下垃圾，_____，何足挂齿！

4. 只要我们每个人都懂得_____，社会就会越来越和谐美好。

5. 外面嘈杂的声音令他_____，无法静下心来读书。

6. 小李从不与人_____，但面对不公正的待遇，她再也无法容忍了。

成语 万事通

友 爱

　　南朝王泰小时候，他的祖母给大家分枣，其他孩子一见有枣吃，都一哄而上去抢，王泰很喜欢吃枣，却站在一旁，没有去争抢。后人就把"让枣推梨"当作兄弟友爱的象征。

　　你还知道哪些比喻兄弟友爱之情的成语？

第 8 篇

古人的呼吸

刘星上五年级时,突然对有关大自然的事物**兴致淋漓**(lín lí)。每次上科学课他都**心无旁骛**(wù,追求),还不时地提出问题请教老师。

这一天,课堂上谈到环保问题。王老师说:"我们只有一个地球,要**视如珍宝**。生活在世界地球村,我们每一个人都要爱护周遭环境,切实做好环境保护工作。"接着,他又谈到森林和氧(yǎng)气的关系。他说:"我们呼吸的氧气是人类在 18 世纪时发现的。森林有制造氧气的功能,所以我们的生命与森林**息息相关**。"

刘星突然举手问道:"老师,氧气在 18 世纪才被发现,那在 18 世纪以前,人类呼吸什么呢?"刘星的话音刚落,同学们就**哄**(hōng)**堂大笑**。

成语意思
猜一猜

1.＿＿＿＿＿＿＿:形容关系或联系非常密切。

2.＿＿＿＿＿＿＿:指满屋子的人同时大笑。

3.＿＿＿＿＿＿＿:形容十分珍爱。

4. _____：心思没有另外的追求，形容心思集中，专心致志。

5. _____：形容兴致很高，精神舒畅。

 成语运用
猜一猜

1. 表演小品时，小杰动作搞笑，惹（rě）得台下的观众_____
_____。

2. 这些都是我儿时的画作，母亲将它们_____，一直珍藏着。

3. 聪聪对语文、数学都提不起兴趣，但是每次综合实践活动都会_____地参与其中。

4. 无论学习还是做事，我们都要专心致志，_____，才能有所成就。

5. 我们的未来与国家的未来_____。

成语 万事通

氧气制造机

　　氧气可以增强人体的免疫（yì）力，促进体内激素的分泌（mì），让身体的自主神经系统运作流畅。但是空气中的氧气浓度只有21%，有些空气污浊（zhuó）的地方，让人感到呼吸不顺畅，不舒服。有了氧气制造机，有需要吸氧的病人，在家就可进行吸氧。

成语笑话创作台

02

第二单元

第 9 篇
重蹈覆辙

射击比赛选手小刘是**备受瞩（zhǔ）目**的**后起之秀**。决赛时，小刘前九枪的成绩都**大幅领先**，到了最后一枪，观众全都**屏（bǐng）气敛（liǎn）息**，没想到他最后一枪发挥失常，把几乎到手的金牌**拱（gǒng）手让人**。小刘**痛不欲生**。

回到休息区，有位**古道热肠**的观众上前安慰（wèi）他："没关系，你还年轻，下次一定会有更好的表现。"看到小刘还是低头不语，这位观众又说："别难过了，上次我在区运动会场上看到一个**荒谬（miù）绝伦**的选手，十枪都射中，但都射到别人的靶（bǎ）上，你说好笑不好笑？"小刘苦笑着说："那个选手也是我哇！"

1. _____：悲痛得不想活下去。形容悲痛到极点。

2. _____：荒唐错误到了无与伦比的程度。

3. _____：形容聚精会神或小心谨慎的样子。

4. _____：指后来出现或新成长起来的优秀人物。

5. _____：平白把东西让给别人。

6. _____：形容待人真诚、热情。

 成语运用
猜一猜

1. 我们寡不敌众，守不住这个阵地，但若就这样＿＿＿＿＿＿＿＿＿＿＿＿，实在不甘心。

2. 大家＿＿＿＿＿＿＿＿＿＿地观赏高空秋千的精彩表演。

3. 这么＿＿＿＿＿＿＿＿＿＿的说辞，居然还有人信以为真，真是不可思议！

4. 张大爷失去了骨肉相连的亲人，＿＿＿＿＿＿＿＿＿＿。

5. 这位侠客生来＿＿＿＿＿＿＿＿＿＿，乐于扶贫济弱。

6. 他被誉为文坛的＿＿＿＿＿＿＿＿＿＿，作品深受大家喜爱。

 成语 万事通

古代三大神射手

　　中国古代有几位特别有名的神射手，他们留下许多让人津（jīn）津乐道的事迹。第一位是后羿（yì），相传他是夏朝有穷氏的首领，也是神话故事中射下九个太阳的传奇人物。第二位是纪昌，他是战国时期赵国邯郸（hán dān）人，哪怕是小得不得了的虱（shī）子，纪昌拉弓一射，就像射一匹马一样容易。第三位是养由基，他是春秋时期楚国的名将，百步之外的杨柳叶都能射中，"百步穿杨"说的就是他的事迹。这些古代的神射手，假如来到现代，他们射箭的能力也一定会令我们惊叹不已！

第 10 篇

学英语

李自强是一家公司的董事长，他要求公司全体员工都要学习英语。

"学会英语是我们公司与国际接轨的重要前提，你们千万不要**等闲视之**，今天我就考考你们。"李董**郑重其事**地说完，接着就在白板上写了一句：How are you？然后看着**正襟**（jīn）**危坐**的经理们，问道："谁来翻译这句英语？"

等了半天，下面**鸦**（yā）**雀无声**。李董**忧心如捣**（dǎo）地看了看在座的经理，心想：这么简单的问候语都没有人会，什么时候才能真正学会英语呀！

这时，心细的张经理发现李董神情**黯**（àn）**淡**，于是**勉**（miǎn）**为其难**地站起来，犹犹豫豫地说："好像……应该……可能……是'怎么是你'的意思吧？"

在平时的工作中，下属一旦犯错李董就会**怒发**（fà）**冲冠**（guān），今天竟然微笑着说："应该译成——'你好吗？'"接着，他又在白板上写：How old are you？并解释"old"有"老的、旧的"的意思，在这句话中是年龄的意思。

这一次，受到鼓励的张经理**闻风而动**，大声说："这句话的意思是'你老子好吗？'"

成语意思
猜一猜

1. _____：愤怒得头发竖起来，顶到帽子。形容极其愤怒。

2. _____：勉强去做力所不及或感到困难的事情。

3. _____：忧愁得像有东西在捣心一样。形容十分焦急。

4. _____：听到风声或消息就立刻行动。

5. _____：形容非常寂静。

6. _____：形容严肃或拘谨的样子。

成语运用
猜一猜

1. 孩子重病住院，每天听着他那痛苦的呻吟声，妈妈_____

_____。

2. 对于一个没什么工作经验的人来说，完成这么大难度的任务真有点_____。

3. 上课铃响了，刚才乱哄哄的教室变得_____。

4. 办公桌后的王董_____，凝神倾听各部门经理的工作汇报。

5. 听到食盐要涨价的消息，人们都_____，到各大商场疯狂抢购。

6. 篮球决赛开始前，教练郑重地告诫我们，对手有了长足进步，绝不可_____。

第 11 篇

金色喇叭（lǎ ba）

小新爸爸的大学好友马叔叔家在海南三亚，这次小新全家来到三亚旅游，顺便拜访马叔叔。

马叔叔的家**窗明几（jī）净**、**纤（xiān）尘不染**，还摆了很多**巧夺天工**的音乐器材，让小新一家人**赞不绝口**。

由于**久别重逢**，爸爸妈妈和马叔叔在客厅里**天南海北**地聊得很开心。不一会儿，小新想上厕所，马叔叔就告诉他说："从客厅直行，然后再向右走，就是洗手间了。"

小新上完厕所，**兴高采烈**地说："叔叔，你家的马桶真特别，是黄金做的吗？"

不知就里的马叔叔走进洗手间看个究竟，原来小新把金色的低音喇叭当成小便斗，尿在里面了。

1.＿＿＿＿＿＿：泛指丝毫不受坏习惯、坏风气的影响。也用来形容非常清洁、干净。

2.＿＿＿＿＿＿：窗户明亮，小桌干净。形容房间里非常干净。

3. _____：形容相距遥远或距离遥远的不同地区。也形容谈话不着边际。

4. _____：人工的精巧胜过天然。形容技艺精妙高超。

5. _____：不知道内幕。

6. _____：长时间分别后再次相遇。

成语运用 猜一猜

1. 他们俩情投意合，一见面就_____地聊个没完。

2. 虽然他居住的地方鱼龙混杂，但他做到了_____。

3. 他们谈得津津有味，我却_____，听得一头雾水。

4. 老爷爷打了一把_____的金扇子，真是仙人彩绘、妙笔天成。

5. 他俩一见如故，就像_____的老朋友。

成语 万事通

夸赞技艺高超的成语

"巧夺天工"这个成语多用来夸赞人工的精巧胜过天然，也指技艺精妙高超。元朝赵孟頫（fǔ）《赠放烟火者》有诗云"人间巧艺夺天工，炼药燃灯清昼同"。意思相近的成语还有"鬼斧神工""玲珑剔透""独具匠心"等。

第 **12** 篇

你到底爱谁?

五岁的小强淘气好动,特别喜欢看电视剧,其中一些对白,他可以**倒背如流**,令人啧(zé)啧称奇。

有一天,小强跑到爸爸的书房里玩耍,不小心把桌上的茶水打翻,将爸爸辛苦撰(zhuàn)写的书稿都打湿了,然后又在爸爸心爱的书上涂鸦(乱写乱画)。爸爸气得**七窍生烟**,决定对他**严惩**(chéng)**不贷**(dài),处罚小强一个星期不准看电视。

不能看电视的日子令小强**焦躁**(zào)**不安**。于是,他向妈妈**撒**(sā)**娇撒痴**(chī):"妈妈,您是不是真的爱我? "

妈妈**毫不犹豫**(yóu yù)地说:"我当然爱你了! "

小强**攒**(cuán)**眉蹙额**,说:"妈妈,既然您爱我,那就应该保护我,请把罚我不能看电视的爸爸赶出去吧! "

 **成语意思**
猜一猜

1._____:仗着对方的宠爱而恣(zì)意做出娇态或痴态。

2._____:焦急烦躁,内心不安宁。

3. _____：眉头额头紧皱。形容愁闷的表情。

4. _____：严加惩处，不予宽恕。

5. _____：形容书背得非常熟。

6. _____：表示咂（zā）着嘴称赞它的奇妙。

7. _____：气愤得好像耳目口鼻都要冒出火来。形容极其焦急或愤怒。

成语运用
猜一猜

1. 高考前的考生承受着来自各方面的压力，有的_____，情绪低落，甚至失眠、精神萎靡，如果不及时缓解，必将影响学习效率。

2. 晓杰把《唐诗三百首》背得滚瓜烂熟，甚至_____。

3. 小妹不停地向爸爸_____，希望爸爸买个洋娃娃送她。

4. 小明一副_____的样子，估计他这次考试又没考好！

5. 对于那些屡（lǚ，多次）教（jiào）不改的不法分子，一定要_____。

6. 面对顾客的无理取闹，员工们都被气得_____，不过经理告诫大家还是要理智面对，保持冷静。

7. 各种车辆行驶到辽宁省的"怪坡"时，就会出现一种奇怪的现象：上坡时会飞快地滑向坡顶，下坡时不加油就会纹丝不动，令人_____。

第 13 篇

谢天谢地

　　暑假，爸爸妈妈同意上大学的丽丽学开车，丽丽终于**如愿以偿**了。

　　于是，她就在离家不远的汽车驾驶培训学校报名，并且按时练习，从不缺课。在考驾照之前，她**焚膏**（油脂，灯烛）**继晷**（guǐ，日光），努力背诵交通规则，到考场实地演练路考项目。

　　在机考中，丽丽**一帆风顺**，满分通过。在路考时，她一坐上驾驶座，就**不由自主**地紧张起来，因此**手忙脚乱**、**错误百出**。几番波折以后，她终于考完了。丽丽自知成绩不佳，但**心存侥幸**，以为还有**一线生机**，她看了一眼副驾驶位子上脸色苍白的监考教练，**战战兢**（jīng）**兢**地问："我……路考结果如何？"

　　监考教练看了丽丽一眼，长出一口气说："真是**命悬一线**哪，不过**谢天谢地**，你让我活着回来了！"

1._____：还有一点儿生存的希望。一般指事情还有一丝解决的可能。

2. _____：指愿望得到实现。

3. _____：形容错误很多。

4. _____：点燃油灯以接替日光照明。形容夜以继日地学习或工作。

5. _____：处境危险，随时可能丧失生命。

6. _____：比喻事情没有任何阻碍（ài），十分顺利。

7. _____：形容小心谨慎的样子。也形容因恐惧而发抖的样子。

成语运用 猜一猜

1. 李叔叔心情低落，心不在焉地工作，导致_____，遭到老板训斥。

2. 鹏鹏的出现让我看到了_____，不然我真的无法度过这次危机。

3. 亮亮想成为演奏家的梦想频（pín）频受挫（cuò），不知何时才能_____。

4. 在这_____的时刻，蜘蛛侠出现了，拯救了他们。

5. 生活并不是_____的，我们总会遇到困难和险阻。

6. 看到脸上阴云密布的老板，参加会议的每个人都_____地汇报着工作。

7. 老师希望我们学习古人_____的精神，刻苦学习科学文化知识。

第 14 篇
一场误会

李老师工作一向**兢兢业业**，从不迟到，同时也严格要求学生上课守时。如有学生迟到，他就会**疾言厉色**，大声训斥。

有一天，李老师正在讲课，刘俊**大汗淋漓**、**行色匆匆**地跑进教室坐了下来，但马上又站了起来，准备走出教室。

见状，李老师大声训斥道："上课时不可随意走动！你迟到的事我还没追究，还敢到处乱走？你不要**不识抬举**，赶快回座位坐好。"他一边说，一边把刘俊推回座位。

李老师继续讲课，却发现刘俊一副**惶惶不安**的样子，于是更加严厉地对他说："这名同学请专心听课，不要一副**魂不守舍**（shè）的样子！"

刘俊怯（qiè）怯地说："老师！对……对不起，我走错教室了！"

成语意思
猜一猜

1.＿＿＿＿＿＿：心中惊恐害怕，十分不安。

2.＿＿＿＿＿＿：形容精神恍惚（huǎng hū），心神不定。

3.＿＿＿＿＿＿：言辞激烈，神情严厉。形容人发怒的情形。

4._____：不接受或不重视别人的好意。

5._____：形容出行时急急忙忙的样子。

6._____：形容出汗很多的样子。

猜一猜

1. 老陈做事一向从容不迫，井井有条。但最近几天，他经常一副_____的样子，可能是遭遇棘（jí）手的问题了。

2. 刘总对你这样客气，你别_____，敬酒不吃吃罚酒。

3. 传染病肆虐（sì nüè），大家_____。

4. 当我犯错时，爸爸总是循（xún）循善诱，使我明白犯错的原因，从不_____地对我训话。

5. 张老师接完电话，就_____地离开了。

6. 泰山的美景吸引人们纷纷前往，即使一个个累得_____，也依然兴致盎然地向上攀登着。

 成语 万事通

"歹"的家族

　　"歹"是不好的意思。由"歹"所造的字大多数都和死亡相关，如殉（xùn）、死、殂（cú）、殛（jí）。所以，我们常骂人"不识好歹""为非作歹"。一出不精彩的戏，却要花费很长的时间演出，可以说"歹戏拖棚"；一对不出色的父母，教养出优秀的子女，可以说"歹竹出好笋（sǔn）"；一个人很难和别人相处，大家就会批评他"歹斗阵"（闽南语"歹"读 pai）。

第 15 篇
撕下来问

朱老师是一位很有责任心的好老师，他知道很多学生害怕学数学。所以，上课时他总是本着**因材施教**、**循序渐进**的理念带领学生学习。学生在他**循循善诱**的指导下，也渐渐不再害怕学数学了。

这一天，朱老师教完一个章节后，诚恳地对学生说："考查这个单元知识点的题型有很多种，解题的方法有些复杂。如果谁有什么疑问，欢迎私下来问我！"

刘星最近对数学**兴趣盎然**。下课后，他撕下课本中有疑问的那几页来问朱老师。朱老师见了，**大吃一惊**说："课本可是我们的**良师益友**，你这样任意撕毁损坏，不是很可惜吗？"

刘星回答说："老师不是叫我们有疑问就'撕下来问'吗？所以我就撕了几页来问老师呀！"

1._____：形容兴致高，兴趣浓厚。

2._____：指针对学习者学习兴趣、能力等方面的具体情况而进行有针对性的教育。

3.＿＿＿＿＿＿＿＿：事情的发展或学习工作按照一定的步骤（zhòu）
　　　　　　　　逐渐深入或提高。

4.＿＿＿＿＿＿＿＿：使人得到教益和帮助的好老师、好朋友。

5.＿＿＿＿＿＿＿＿：指善于有步骤地引导别人。多形容教育得法。

成语运用
猜一猜

1. 老师指导学生学习要＿＿＿＿＿＿＿＿＿＿，不要揠（yà，拔）
苗助长。

2. 表姐不但教我做人做事的道理，还经常陪我散步谈心，是我
的＿＿＿＿＿＿＿＿。

3. 王老师针对每个学生的不同情况＿＿＿＿＿＿＿＿，使所有
学生都得到发展。

4. 拥有无限耐心的老师能对学生＿＿＿＿＿＿＿＿，引导学生
走向正确的人生之路。

5. 我们对周日去动物园的计划＿＿＿＿＿＿＿＿。

成语 万事通

循序渐进 VS 循循善诱

　　"循序渐进"指事情的发展或学习工作按照一定的步骤逐渐深入或提高。注意是按一定的顺序、步骤逐渐进步。

　　"循循善诱"指善于有步骤地引导别人。多形容教育得法。注意是引导别人进行学习。春秋时期，孔子的得意门生颜渊称赞孔子的教学方法用的就是"夫子循循然善诱人"。

第 16 篇

独乐乐不如众乐乐

陈老师教学认真严谨，他要求学生上课必须**专心致志**，并且规定：凡是上课时要说话必须举手，经过老师同意。如果上课时私下说话，就要把说话的内容在纸上写二十遍。

有一天上课，正当陈老师**神采飞扬**地讲得**不亦（yì）乐（lè）乎**时，刘星和同桌私下**声若蚊蝇**地议论着什么。陈老师瞟（piǎo）了他们一眼，**怏（yàng）怏不乐（lè）**地说："你们好像聊得很开心，**独乐乐不如众乐乐**，到前面来和大家一起分享是不是更有趣呢？"

刘星两人却**畏葸（xǐ）不前**，同时闭紧了嘴巴不肯说出来。

"好吧！不勉强你们，那把你们刚刚说的内容写二十遍好了。"陈老师不再坚持。

下课时，两人很快地写完二十遍内容，陈老师一看，真是**哭笑不得**，原来上面写着：老师的脸上有饭渣，老师的脸上有饭渣……

 成语意思
猜一猜

1._____：脸上的神态焕发有神。

2. ＿＿＿＿＿＿＿：形容一心一意，精神集中。

3. ＿＿＿＿＿＿＿：畏惧怯懦（qiè nuò），不敢前进。

4. ＿＿＿＿＿＿＿：原意为"不也是很快乐吗？"，用来表示十分高兴或情况令人满意，也表示程度过甚，达到难以应付的地步。

5. ＿＿＿＿＿＿＿：形容说话的声音非常小。

6. ＿＿＿＿＿＿＿：形容不满意或不高兴的神情。

7. ＿＿＿＿＿＿＿：泛指有好的事情一个人快乐，不如大家一起都跟着快乐。

成语运用
猜一猜

1. 不积极主动，凡事＿＿＿＿＿＿＿＿，是缺乏自信心的写照，只有多充实自己，才能累积成功经验，树立自信心。

2. 看你们两个聊得很开心的样子，有什么高兴的事情不如分享给大家，＿＿＿＿＿＿＿＿呀！

3. 做事＿＿＿＿＿＿＿＿，才能提高效率。

4. 为国争光的奥运健儿在领奖台上＿＿＿＿＿＿＿＿。

5. 弟弟在游乐场玩得＿＿＿＿＿＿＿＿，天黑了也不想回家。

6. 昨天小明和他的朋友吵架了，今天他一整天都＿＿＿＿＿＿＿＿的。

7. 他自知理亏，老师问了半天，他才＿＿＿＿＿＿＿＿地说了两句，根本听不清他说了什么。

03

第 17 篇

爸爸的座右铭（míng）

胡老师是一位很有耐心的人，当学生逞**血气之勇**，互相挑衅（xìn）发生冲突时，他会**循循善诱**地开导学生，直到大家都**心服口服**。有一次，几个学生为了一件**不足挂齿**的事争吵起来。胡老师知道了，说："做人要厚道，给别人的要多，而从别人那儿得到的要少。"

这时，一个学生举起手，以**振聋发聩**（kuì）的声音附和（fù hè）："对，这正是我爸爸的座右铭呢！"

胡老师惊喜地问："你爸爸一定是一位**谦谦君子**，他是做什么工作的？"

这个学生回答："我爸爸是个拳击手，他常说'出击的次数要多，被对手攻击的次数要少'。这不就是给别人的要多，自己得到的要少吗？"

成语意思
猜一猜

1. _____：指真心信服。

2. _____：指凭一时感情冲动产生的勇气。

3. _____：指谦逊有礼、品格端方的人。

4. _____：声音很大，使耳聋的人都能听得见。比喻高超的言论能使麻木糊涂的人觉醒。

5. _____：形容微不足道，不值得一提。

成语运用 猜一猜

1. 老师一番_____的话语，让沉迷游戏中的浩浩醒悟过来。

2. 他品学兼优，虚怀若谷，很有_____之风。

3. 你为什么要打架呢？光凭_____是解决不了问题的。

4. 我对给予帮助的李叔叔千恩万谢，李叔叔却笑了笑说："这点小事_____。"

5. 爸爸的一番话，让弟弟_____，他答应爸爸再也不去网吧了。

成语 万事通

形容声音很大的成语

除了"震耳欲聋""振聋发聩"，形容声音很大的成语还有很多。如："震天动地"指震动了天地，形容声音或声势极大；"天震地骇"意思也是震动了天地，形容声音或声势极大，有时形容事件、场面令人惊骇；"响彻云霄"形容声音响亮，好像可以穿透云层，直达高空。

第 18 篇

平分秋色

一天，林老师**深入浅出**地讲解了几道难题。这些题虽然深奥难懂，但同学们经过认真思考，也能够**曲径通幽**、**豁然开朗**。教完以后，林老师就拿出预先准备好的试卷进行检测。

第二天，林老师发检测卷，从最高分开始，一百分的**寥（liáo）寥可数（shǔ）**，接着发八十分、六十分……身边的同学一个一个都拿到了试卷，刘星和同桌开始**忐忑（tǎn tè）不安**，两人**窃窃私语**。

同桌说："我好像考了零分。"

刘星说："我也是，那我们**平分秋色**。老师不会以为我们分数相同是串通作弊（bì）、**朋比为奸**吧？"

这时林老师正好走到他们跟前，听到刘星的话，怔（zhèng）怔（呆愣的样子）地看了他们一眼，**无可奈何**地摇摇头说："其实，能力好，**不相上下**，才可以说'**平分秋色**'，能力差的在一起，只能说是'**物以类聚**'。"

1.＿＿＿＿＿＿：形容数量很少。

2. ＿＿＿＿＿＿＿＿：原指昼和夜平均分占秋天景色。后比喻双方各占一半。

3. ＿＿＿＿＿＿＿＿：指事物同类的聚集在一起。多比喻坏人臭味相投，勾结在一起。

4. ＿＿＿＿＿＿＿＿：指互相勾结在一起做坏事。

5. ＿＿＿＿＿＿＿＿：形容由狭窄阴暗突然变为开阔敞亮。比喻心里突然悟出道理而感觉明朗。

6. ＿＿＿＿＿＿＿＿：道理深刻而表达得浅显易懂。

成语运用 猜一猜

1. 这个风景区，在平日里游客＿＿＿＿＿＿＿＿，但每到节假日时游人就络绎不绝。

2. ＿＿＿＿＿＿＿＿是物种的天性，人类也有类似情形，经常和性情相投的人成为好朋友。

3. 这一轮的中超联赛，广东队和北京队＿＿＿＿＿＿＿＿，没有决出胜负。

4. 这篇小说写得＿＿＿＿＿＿＿＿，使人爱看，易懂。

5. 这几个人＿＿＿＿＿＿＿＿，无恶不作，最终受到了法律的惩罚。

6. 涵涵津津有味地读着《论语》。经过老师的点拨，原来书中她不明白的道理，现在＿＿＿＿＿＿＿＿。

第 19 篇
鼓掌的效果

　　舞台剧演员小云下了舞台，**萎靡**（wěi mǐ）**不振**地靠着墙。来捧场的妈妈**洞若观火**，试探着问："这才是第一场演出，之后还有好几场，你怎么了？"小云难过地说："我的表演**杂乱无章**，掌声**寥寥无几**，观众好像不喜欢我的表演……"妈妈为让她能**重整旗鼓**，赶紧安慰她："放心，你很快就会**家喻户晓**了，下一场一定会有更多掌声，我向你保证！"小云不明白妈妈的意思，妈妈又接着说："下一场是户外演出，会有很多蚊子呀，到时候，观众必定一直拍打蚊子！"

成语意思猜一猜

1. ＿＿＿＿＿＿：形容数量极少。

2. ＿＿＿＿＿＿：形容精神颓唐，不振作。

3. ＿＿＿＿＿＿：形容人人皆知。

4. ＿＿＿＿＿＿：重新整顿战旗战鼓。比喻遭受挫折或失败，重新聚积力量，准备再干。

5. ＿＿＿＿＿＿：形容很乱，没有条理。

6. ＿＿＿＿＿＿：比喻观察事物明白透彻，像看火一样。

成语运用
猜一猜

1. 他有敏锐的头脑，_____，审时度（duó）势，总是能想到别人所想不到的。

2. 虽然上一场比赛失利，但他能_____，积极准备迎接下一次的挑战。

3. 失业那段时间，他并没有因此_____，反而更加努力地提升自己。

4. 诸葛亮是个_____的人物，至今广受尊崇。

5. 棚户区的道路标志牌_____，而且模糊不清，使来往的人经常找不到路。

6. 小吃店的顾客_____，员工们都坐在椅子上发呆。

成语 万事通

以"洞"开头的成语

"洞若观火"形容观察事物明白透彻。"洞若观火"中"洞"表示"通彻"的意思。以"洞"开头的成语还有"洞察秋毫""洞察一切""洞彻事理""洞见症结""洞幽察微""洞幽烛远"等。

"洞察秋毫"形容人目光敏锐，任何细小的事物都能看得清楚；"洞察一切"形容对一切观察得都很清楚；"洞彻事理"指深入透彻了解事物规律；"洞见症结"比喻事情的纠葛或问题的关键所在，形容观察锐利，看到了问题的关键；"洞幽察微"指彻底地看到幽深微妙处；"洞幽烛远"形容目光锐利，能洞察事物幽深细微之处。

第 20 篇
明智的决策

刘太太趁着房地产**大有起色**之时，向一家房地产公司买了一处房产，打算转卖牟（móu）利。没想到，一连几天**滂沱**（pāng tuó）**大雨**，她买房子的那块地淹水及膝。

刘太太来到房地产公司**大发雷霆**，要求退钱。但公司认为地被水淹与他们无关，不愿退钱，刘太太便扬言要与他们**对簿**（bù）**公堂**。

房地产公司虽然认为他们能够胜诉，但为了**息事宁人**，还是召开会议讨论是否退钱的问题。会议中，大家**七嘴八舌**地提出自己的想法：有人说为了公司的信誉（yù）应该退钱，也有人认为是天气惹的祸，不应该退钱。

王董事长是个**优柔寡**（guǎ）**断**的人，听来听去，一时之间也拿不定主意。这时，张经理想出了一个**两全其美**的方法，他说："买一艘汽艇送给刘太太吧！"

 **成语意思
猜一猜**

1._____：比喻大发脾气，大声斥责。

2._____：形容雨下得很大。

3.＿＿＿＿＿＿＿＿＿：原告和被告双方在法庭上公开对质、

争讼（sòng），以辨是非。

4.＿＿＿＿＿＿＿＿＿：指调解纠纷，使事情平息下来，使人们平

安相处。

5.＿＿＿＿＿＿＿＿＿：做事能顾全双方的权益，使两方面都能圆满。

6.＿＿＿＿＿＿＿＿＿：明显地出现好转的样子。

7.＿＿＿＿＿＿＿＿＿：指办事犹豫、不果断。

成语运用 猜一猜

1. 他们兄弟两人因房屋买卖的纷争，闹得满城风雨，最后只好

＿＿＿＿＿＿＿＿＿＿，经过法官的判决，才结束了这场纷争。

2. 我既要看球赛，又得写作业，有没有＿＿＿＿＿＿＿＿＿的办

法呢？

3. 最近妈妈工作上不顺心，在家里经常为了一点儿小事＿＿＿＿

＿＿＿＿＿＿＿。

4. 王爷爷吃了很多西药，可他的病情毫无起色，前段时间经过

老中医针灸（jiǔ）治疗，终于＿＿＿＿＿＿＿＿＿。

5. 许多消费者购买到假货往往采取＿＿＿＿＿＿＿＿＿的态度，

这在一定程度上助长了制假售假的恶劣行径。

6. 放学的时候，突然下起了＿＿＿＿＿＿＿＿＿，同学们都困在

教室里回不了家了。

7. 我们遇到困难不能＿＿＿＿＿＿＿＿＿，要果断制订决策，迎

难而上。

第 21 篇

催眠师的功力

李老先生终年饱尝失眠之苦，家人都**挖空心思**寻访名医，他吃了许多昂贵的药仍然不见效。就在全家**无计可施**时，儿子李盛听人说催眠术对失眠有效，于是**病急乱投医**，也没好好求证一下，就花了大笔的钱，请催眠师到家里来。

催眠师请老先生躺在床上，闭上眼睛，然后念着："轻轻地闭上你的眼睛，你来到一个**水碧山青**的地方，**天朗气清**，你躺在草地上，风轻轻地吹来，你觉得**悠然自得**，你快要睡着了，你睡着了……"催眠师轻轻地说了许久、许久……李老先生终于沉沉地睡着了。

催眠师刚刚离开，李老先生马上跳起来轻松地吐了一口气，悻（xìng）悻然（形容不高兴的样子）地说："什么催眠师，我看是精神病人！我在床上都睡不着，到草地上怎么可能睡得着呢？"

成语意思 猜一猜

1.＿＿＿＿＿＿：水色碧绿、山景青翠。形容风景优美秀丽。

2.＿＿＿＿＿＿：形容闲适从容。

3.＿＿＿＿＿＿：风和日丽，天空晴朗，空气清新。

4. _____：形容费尽心机。

5. _____：没有计策可以施展。指拿不出什么应付的
办法。

 成语运用
猜一猜

1. 面对着公司破产的风险，董事长也_____，只好
打电话求助朋友。

2. 我_____也无法说服爸妈同意我参加露营活动。

3. 长白山天池_____，真是个好地方。大家站在天
池边上_____，流连忘返。

4. 今天_____，是个踏青的好日子，我们去爬山吧！

 成语 万事通

含有人体部位的成语

"挖空心思"是含有人体部位——心的成语。含人体部位
的成语很多，如：面无表情、心旷神怡、耳熟能详、蒙头转向、
满面春风、屈指可数、满目疮痍、出人头地、食不果腹、不绝于耳、
爱不释手、面黄肌瘦、口干舌燥、劈头盖脸、提心吊胆、评头论
足、信手拈来、灭顶之灾、另眼相看等。

你能说出上面成语分别含有哪些人体部位吗？你还知道哪
些含人体部位的成语？

第 22 篇

电话故障

小王在国家司法考试中**金榜题名**，历经磨砺成为一名出色的律师。多年后，他准备开一家自己的律师事务所。但**好事多磨**，就在开业前一天晚上，事务所的电话突然发生故障。于是，他请维修人员一定要在开业当（dàng）天早晨来修理好。

开业当天八点不到，就有一位客人上门了。小王立刻拿起电话，**装腔作势**地好像在接洽（qià）业务，只听到他在和顾客**讨价还价**："这案子很复杂，没有十万元是办不到的……好，好，这样就没问题了。"

放下电话后，小王**满面春风**地招呼客人："先生，让您久等了，真是抱歉。请问有什么需要我帮忙的吗？"

没想到，这位客人幽默地说："我没有什么需要您帮忙的，既然您的电话**畅**（chàng）**通无阻**，那么我的任务就完成了，再见！"虽然说了再见，但是这个人并没有马上就走。

小王**低眉垂眼**、**吞吞吐吐**地说："不……不好意思，这位先生，您……的任务还没完成，麻烦您赶紧开始您的工作吧！"

成语意思 猜一猜

1.＿＿＿＿＿＿＿＿＿：做成一件好事往往要经受许多挫折。

2.＿＿＿＿＿＿＿＿＿：原指科举得中，现在多用于表示考试被录
取了。

3.＿＿＿＿＿＿＿＿＿：形容害羞的样子。

4.＿＿＿＿＿＿＿＿＿：指拿腔作调，做作。

5.＿＿＿＿＿＿＿＿＿：形容心情愉快，满脸笑容。

6.＿＿＿＿＿＿＿＿＿：买卖双方，一方要价，一方还价。

成语运用 猜一猜

1. 你这样＿＿＿＿＿＿＿＿＿＿＿＿，除了令人觉得恶（ě）心之外，
还能有什么作用呢？我劝你还是脚踏实地吧！

2. 老师＿＿＿＿＿＿＿＿＿＿地走进教室，向大家宣布了一个好消
息："在这次的辩论赛中，我们班获得了第一名的好成绩。"

3. 他原本计划着结婚以后便带着妻子出国进修，无奈＿＿＿＿＿＿
＿＿＿＿＿＿，一场突如其来的车祸，使他的计划受挫（cuò）了。

4. 她在外人面前总是＿＿＿＿＿＿＿＿＿、羞羞答答的。

5. 经过多年日夜苦读，皇天不负苦心人，她终于＿＿＿＿＿＿＿＿
＿＿＿＿，考上了心目中的理想大学。

6. 经过一番＿＿＿＿＿＿＿＿＿，小贩终于卖出了最后一件商品。

第 23 篇
不得已的英勇

一家纺织工厂发生了火灾，浓烟密布，火势**锐不可当**（dāng），火场里的温度越来越高。最后，所有的消防员都**退避三舍**（shè，古代三十里为一舍），只能用消火枪远距离喷水。

大家眼看着厂房被大火吞噬（shì）而**束手无策**。火势迅速蔓（màn）延，**左邻右舍**（shè）将遭受**池鱼之殃**（yāng）。突然，一辆消防车**风驰电掣**（chè）般地冲进火场，车上的消防员拼命地洒水灭火，使火势得到了控制，最终，火就被熄灭了。

对于这些消防员**临危不惧**的英勇行为，市长决定颁（bān）奖表彰。颁奖典礼现场**冠**（guān）**盖云集**，记者问消防队长："得到这么高的表彰，你最想要做的是什么？"

队长**冲口而出**："这是我们的责任，不过为了队员的安全我要先把那辆消防车的刹（shā）车修好……"

1.＿＿＿＿＿＿：比喻主动退让，不与之争。

2.＿＿＿＿＿＿：指因受到牵连而遭受的灾祸。

3. _____：气势旺盛威猛，勇往直前，不可抵挡。

4. _____：许多达官贵人聚在一起。

5. _____：形容不加思索地说出来。

6. _____：面临危险从容不迫，毫不畏惧。

7. _____：形容非常迅速，像风吹电闪一样。

8. _____：好像手被束缚住了，无法解脱。后泛指对

遇到的麻烦没有办法解决。

成语运用
猜一猜

1. 听完老师责备的话，小明_____："是同学先欺

负我，我没有故意找事！"

2. 韩信以_____之势，一路夺得胜利，业已定了三秦，

平了齐地，立下了大功。

3. 李老板的公司庆典现场_____，热闹非凡。

4. 红红看到有人在校园一角争吵，就过去了解情况，没想到遭

受_____，反而被在场的人推倒受伤。

5. 面对手持枪械（xiè）的匪徒，他_____，坚定沉着，

一边指挥警员行动，一边劝降歹徒。

6. 邻居李大妈太泼辣，许多人见了她都要_____。

7. 连日的暴雨所造成的山洪直冲而下，大家一时间_____

_____，只能眼睁睁地看着防洪堤坝被冲垮。

8. 列车_____般地驶向新的城市，可是他的思绪依

旧萦（yíng）绕在故乡的青山绿水之中。

第 24 篇

书籍滞（zhì）销

法国作家大仲（zhòng）马，原本是个**默默无闻**的人。他曾在公爵（jué）府里担任文书，也替剧院誊（téng）写剧本。在不经意间他发现自己写起剧本来**游刃有余**，于是**通宵达旦**地伏案疾书，逐渐在文学界**崭露**（lù）**头角**。大仲马成名后，经常到各地游山玩水。

有一次，他到一个城市旅行，决定到当地最大的书店看看。不料这个消息**不胫**（jìng，小腿）**而走**，书店老板为了讨好大仲马，就把其他的书都收起来，只留下大仲马的书在架上陈列。大仲马走进书店里一看，偌（ruò）大个书店只有自己的著作整齐地排列在书架上，他**百思不解**，就问书店老板："怎么不见其他作家的书呢？"

老板自以为幽默地回答："别的书都已经卖完了！"

 **成语意思 猜一猜**

1. ＿＿＿＿＿＿：比喻技术熟练、经验丰富，解决问题毫不费事。

2. ＿＿＿＿＿＿：指初步显露优异的才能。

3. ＿＿＿＿＿＿：沉默着，不说话。比喻不出名，不为人知道。

4. _____：比喻事物不用推广，也能迅速传播。

5. _____：整整一夜，直到天亮。

1. 李总反应快、点子新，很快便在商业界_____。

2. 他一生都在基层_____地工作，但很受人们尊重。

3. 刘明被评为先进个人的消息_____，大家都对他刮目相看。

4. 他工作努力，经常_____地工作。

5. 这件芝麻绿豆大的小事，对经历了无数大场面的老王而言，处理起来绝对是_____。

成语 万事通

"游刃有余"的典故

庖（páo）丁是梁惠王的一个厨师，宰牛的技术非常高超。梁惠王看了庖丁宰牛，问他的技术怎么能够达到如此高超的地步。庖丁答道，其实那没有什么奇怪的，因为他对牛的肉和骨头的结构已经很熟悉了，所以能够毫不费力。肉和骨头中间有一条缝，要比刀刃宽得多，把那样薄的刀刃插进去还绰绰有余呢。所以庖丁的刀子用了十九年，宰了几千头牛，还好像是新磨出来的一样。

"游刃有余"的故事见《庄子·养生主》，现在一般用来比喻工作熟练，经验丰富，解决问题毫不费力。

成语笑话创作台

04

第四单元

第 25 篇

同病相怜

某国的总理来到精神病院慰问病人。总理时刻不忘彰（zhāng）显他的身份地位。他到病床前，询问一个病人："你知道我是谁吗？"病人看了他一眼，**面无表情**地摇摇头。

这个病人竟然不认识自己，总理**意兴阑珊**（lán shān），便集合所有的病人，**郑**（zhèng）**重其事**地对大家说："我是总理，因为我的领导，国家**政通人和**、**百废俱兴**，人民**安居乐业**、**丰衣足食**，百姓的生活蒸（zhēng）**蒸日上**、**日新月异**。"

总理说完，病人们没有喝彩，也看不出有**一丝一毫**的震惊，他们只是微笑着，用慈悲的眼神望着总理。有个病人走上前，抱着总理说："我们是**同病相怜**啊！开始得病时，我们也像你现在这样，认为自己是**彪炳**（biāo bǐng）**千秋**的伟人！"

成语意思
猜一猜

1. _____：安定地居住着，愉快地从事其职业。形容人民生活安乐幸福。

2. _____：形容一个人兴致已失的样子。

3. _____：形容极少的一点。

4. _____：有同样不幸遭遇的人互相同情。

5. _____：形容伟大的业绩流传千秋万代。

6. _____：政事顺利，百姓和乐。形容国家稳定，人民安乐。

7. _____：很多已经荒废了的事情一下子都兴办起来。

8. _____：形容事业一天天地向上发展。

成语运用
猜一猜

1. 他是个小心谨慎的人，凡事都不肯有_____的含糊敷衍（fū yǎn），所以深得老板的器重。

2. 这次考试，名落孙山的小刚、小强_____，他们彼此安慰（wèi）日后还有上榜的机会。

3. 霍去病征战沙场多次以少胜多，立下赫赫战功，是_____的传奇人物。

4. 对于绘画，我早已_____，现在热衷的是唱歌。

5. 李世民登基后创立了盛世局面，全国上下_____，_____。

6. 稳定的局面使得当地经济发展_____，顺利赶超邻省。

7. 反动军阀的残暴统治，使广大人民无法_____，只能四处逃亡。

第 26 篇

职业病

彼得是美国**大名鼎（dǐng）鼎**的刑事警察，他工作**恪（kè）尽职守**、**兢兢业业**、**精益求精**，可以说是本行业的**行（háng）家里手**。周末，局长为了缓解警员们的工作压力，举办了一场**别开生面**的狩（shòu）猎活动。

他们**浩浩荡荡**地来到枝叶茂密、杂草丛生的狩猎区后，各自走散，以寻找猎物。彼得是第一次狩猎，心里既兴奋又紧张，他躲在草丛中**屏息凝神**地等待猎物出现。

不久，一群鸭子从草丛中**大摇大摆**地走出来，彼得以**迅雷不及掩耳**的速度跳了出来，朝天开了一枪，**铿锵（kēng qiāng）有力**地喊道："不许动，我是警察！"

1.＿＿＿＿＿：形容聚精会神的样子。

2.＿＿＿＿＿：形容声音响亮而有劲。

3.＿＿＿＿＿：指对学问、技艺的追求，好了还求更好。

4.＿＿＿＿＿：指内行人。

5.＿＿＿＿＿：谨慎认真地做好本职工作。

6._____：比喻另外开创新的风格、形式或局面。

7._____：形容规模大、声势雄壮。

成语运用 猜一猜

1. 大街上，嘉（jiā）年华会的队伍正_____地前进，吸引了大批群众驻足围观。

2. 她将传统评剧与现代舞的艺术表演融（róng）合，_____的艺术风格深受观众喜爱。

3. 我_____，瞄准了射击目标后果断扣动扳机。

4. 会场上李主任的声音_____，完全不是平时那种沙哑的低音。

5. 我得找一个_____来修理爸爸这辆心爱的汽车。

6. 白求恩是位出色的医生，他对医疗技术_____。

7. 每个公务员都应该_____，不能徇私枉法（xùn sī wǎng fǎ）。

成语 万事通

叠字成语

"战战兢兢"属于 AABB 式的叠字成语，这样的叠字成语还有很多，如：三三两两、沸沸扬扬、马马虎虎、纷纷扬扬、郁郁葱葱、昏昏沉沉、断断续续、羞羞答答、浩浩荡荡、家家户户、歪歪扭扭、吞吞吐吐、轰轰烈烈、庸庸碌碌、影影绰绰等。

你还知道哪些 AABB 式的叠字成语？

第 27 篇

倒店大甩卖

夜间的广州，商店的霓（ní）虹灯释放出**五彩缤纷**（bīn fēn）的光芒，马路上**车水马龙**，街上的人**摩**（mó）**肩接踵**（zhǒng）。

张太太打算买套衣服，经过一家门口贴着"清仓大甩卖！九十九元！"的服装店。店内的顾客个个像寻宝似的，在衣服堆里忙着翻找。张太太看到这么多人抢购，也**蠢**（chǔn）**蠢欲动**。

禁不住特价的诱惑（yòu huò），张太太也加入了"寻宝"行列。二十分钟后，她抱着一堆衣服结账："老板，五件衬衫共四百九十五元，对吧？"没想到老板竟然回答："对不起，共四千五百零五元。"张太太**满腹疑团**，不禁**义正辞严**地说："门口不是贴着'九十九元'吗？"老板笑嘻嘻地回答："太太，你可能没看清楚，是："每件每千元找九十九元。所以五件衣服是五千元找四百九十五元！"

 **成语意思**
猜一猜

1. ＿＿＿＿＿＿：形容心里充满了疑问。

2. ＿＿＿＿＿＿：指颜色繁多，非常好看。

3. _____：理由正当充足，措辞严正有力。

4. _____：车像流水，马像游龙。形容车马来来往往的热闹景象。

5. _____：形容像虫子一样缓慢行动。比喻敌人或坏分子准备进行活动。

6. _____：肩碰着肩，脚碰着脚。形容人多，很拥挤。

成语运用 猜一猜

1. 外交部发言人在中外记者招待会上，_____地批驳了西方国家在人权问题上对我国的恶意诽谤。

2. 一到假日，大批游客涌进乌镇，乌镇的几条大街都是_____的景象。

3. 妹妹还不到三岁，但看着别人荡秋千，也_____，_____，跃跃欲试。

4. 结婚会场门口，_____的气球围成拱形，一对对庆贺的花篮排列两旁，显示出喜庆的氛围。

5. 这个夜市位于闹区，来往的人很多，到夜晚十二点钟，依旧人潮涌动，_____。

6. 斯大林依然_____，不过这已是罗斯福所能对他做出的最响亮有力的保证。

第 28 篇

吹牛大王

　　在邮轮上，两个不同国家的游客**自我吹嘘**（xū）自己国家的桥梁。金发女郎**大言不惭**地说："我们国家的高桥**比比皆是**，比如我家旁边的那座桥，如果一只老鼠不小心掉了下去，它得在半空中忍耐十分钟，才会落到水里。""这算什么！"另一个红发女郎**心浮气盛**地说："从我们国家最高的桥坠落，你猜它会发生什么事？"金发女郎回答："撞到桥墩（dūn）！"红发女郎头摇得像拨浪鼓："落下的过程太漫长了，还没落到水里，它就已经**魂亡胆落**，活活被饿得**一命呜呼**！"

 **成语意思** 猜一猜

1. ＿＿＿＿＿＿：到处都是。形容非常多。

2. ＿＿＿＿＿＿：形容人性情浮躁，态度傲慢。

3. ＿＿＿＿＿＿：指人死亡。含有诙谐的意思。

4. ＿＿＿＿＿＿：比喻自我吹嘘、夸张。

5. ＿＿＿＿＿＿：形容惊恐万分，十分恐惧、害怕。

6. ＿＿＿＿＿＿：说大话而不觉羞愧。

成语运用
猜一猜

1. 小李从事学术研究却＿＿＿＿＿＿＿＿的样子，完全静不下心来，怪不得没有取得什么研究成果。

2. 商场里漂亮的衣服＿＿＿＿＿＿＿＿，令人目不暇（xiá）接。

3. 弟弟在路上被流浪汉吓了一跳，飞奔回家，一副＿＿＿＿＿＿＿＿＿＿＿＿的样子。

4. 他总是爱在聚会场合＿＿＿＿＿＿＿＿地吹嘘自己的能力。

5. 他本身是报纸编辑，但每作新诗词必在报纸上＿＿＿＿＿＿＿＿，俨然以当代文豪自居。

6. 英勇顽强的解放军重挫敌军，敌军有的抱头鼠窜，有的＿＿＿＿＿＿＿＿＿＿＿。

成语 **万事通**

"大言不惭" 的故事

《论语》里记载，子曰："其言之怍，则为之也难。"孔子的意思是，一个人说大话不觉得惭愧，做起来就会变得很困难。南宋的朱熹在为这段文字作注时写道：讲大话而不知羞耻的人，心里必定没有决心要完成它，因此根本不会考虑自己能不能做到，要他实现诺言不是很困难吗？后来"大言不惭"就被用来形容说大话而不觉羞愧。

第 29 篇

没有上学的狗

王先生和张小姐原本只有**一面之交**，因为经常到公园遛（liù）狗而**相交甚笃**（dǔ）。

有一天，两人在遛狗时又碰面了，刚开始只是聊些**风花雪月**和**无关痛痒**（yǎng）的琐（suǒ）事，后来聊到养狗的经验。张小姐谈起她把狗送去狗学校训练的事，王先生也很感兴趣，因此两人越聊越投机，索性坐下来聊个痛快。等他们聊得尽兴时，才发觉他们的狗都不见了，两人**慌慌张张**地在公园里寻找自己的爱犬。

五天后，张小姐打电话告诉王先生："我找到我的狗了。那天回家后，我在报纸上刊登寻狗广告，三天后我的狗就回来了。你也可以**如法炮**（páo）**制**，登报试试看。"王先生感伤地说："我的狗和你的狗不同，它没有上过学校，不识字。所以，现在我只能**独坐愁城**啊！"

成语意思
猜一猜

1.＿＿＿＿＿：比喻华丽空洞的诗文或言谈。也指男欢女爱的风流事。

2. _____：比喻照着现成的样子做。形容毫无创新的模仿。

3. _____：指不涉及重要的事情或利益。

4. _____：比喻独自为忧愁所包围。形容极度忧愁、
烦恼的样子。

5. _____：相互交往，感情深厚。

6. _____：只见过一面的交情。比喻交情不深。

成语运用
猜一猜

1. 他们一见面，尽谈一些不着边际、_____的事，
怪不得耽误了工作。

2. 公司的营运状况不佳，债务缠身的老板_____。

3. 这道菜肴清爽可口，制作过程简单易学，妈妈照着菜谱____
_____，竟做成了美味。

4. 优秀的文学作品要反映现实，不能只写一些_____
的事情。

5. 我和小丽只有_____，所以不好意思麻烦她。

6. 王红和刘彤_____，两个人无话不谈。

成语 万事通

描写友情的成语

"相交甚笃"是指相互交往，感情深厚。描写友情的成语
还有"亲密无间、推心置腹、肝胆相照、情同手足、志同道合、
情深似海、风雨同舟、荣辱与共、海誓山盟、同甘共苦"等。

第 30 篇

我要买炭

　　一位**不惑**（huò）**之年**的男士，走进一家书店，对柜台服务员说："小姐，我买炭。"

　　正值**花信年华**的柜台服务员惊诧无言，她瞅了瞅这位**温文尔雅**的男士，觉得他不像开玩笑，就说："对不起，我们这里不卖炭。"

　　这位先生仍然不死心，他以**坚定不移**的口气说："我上次在这里买过。"柜台服务员虽然认为对方说辞可笑，但依然**平心静气**地说："对不起，我们这里是书店，不卖炭。您还是去杂货店看看吧！"

　　这位先生认为柜台服务员**不可理**（道理，事理）**喻**（开导，使明白），就径自在书店里找，终于在**形形色色**的杂志中，找到他要的"炭"。原来他要买的是新闻杂志《时代》（TIME，英文发音类似"炭"）。

成语意思
猜一猜

1.＿＿＿＿＿＿＿：形容温和有礼貌，举止文雅端庄。

2. _____：指心平气和，态度冷静。

3. _____：孔子自称四十岁后不再对人事感到困惑，
所以后人称四十岁为不惑。

4. _____：指女子的年龄到了二十四岁。也泛指女子
正处于年轻貌美之时。

5. _____：形容各色各样，种类很多。

6. _____：形容人立场、观点、主张等固定专一，毫不
动摇。

7. _____：不能够用道理使之明白。形容人不讲道理。

成语运用 猜一猜

1. 在这部话剧中，_____的人物之间所发生的纠葛
只是大千世界的一个缩影。

2. 他虽然年届_____，但仍然在辛苦创业，所以没
有成家的打算。

3. 正值_____的女孩，洋溢着青春的朝气。

4. 做一个_____的君子，是众多学者的追求。

5. "让老百姓安居乐业"是我们党_____的信念。

6. 这个人非常固执，不管怎样劝说都不听，真是_____。

7. 希望你_____地想一想，不要意气用事。

第 31 篇
学游泳要紧

有一个中医，自认为医术精良，其实是个庸（yōng）医。一次，一位父亲带着**形如枯槁**（gǎo）、**命在旦夕**的孩子来看病，医生终于见到有人来看病，就开始**自吹自擂**，说："放心吧！不要担心，人家说我是'华佗（huà tuó）再世'，吃了我的药，保证可以**药到病除**。"

没想到，孩子吃了医生开的药以后，病情非但没有好转，反而**江河日下**。医生知道了，害怕孩子的父亲责怪，只得（dé）**仓皇出逃**。但还是被那位**横眉怒目**的父亲找到了，面对**捋**（luō，拉起）**袖揎**（xuān，卷起袖子）**拳**的病人家属，庸医跳入水中才成功脱逃。

当庸医**胆战心惊**地回到家里时，看到儿子正在读把脉的圣书《脉诀》，就气喘吁吁地对他说："读这本书**缓不济急**，你还是学游泳要紧哪！"

 **成语意思猜一猜**

1. _____：生命垂危，很快会死去。

2. _____：自己吹喇叭，自己打鼓。比喻自我吹嘘。

3. _____：形容非常害怕。

4. _____：形容身体瘦得像干枯的木头。

5. _____：拉起袖子，伸出拳头。形容怒气冲冲准备动武的样子。

6. _____：江河的水一天天地向下流。比喻情况一天天地坏下去。

7. _____：缓慢的行动无助于紧急之事。

8. _____：匆忙慌张地外出逃跑。

成语运用
猜一猜

1. 我方将士才发动攻城，敌方守城的士兵就_____，一路上丢盔弃甲。

2. 满头银发、衣衫褴褛的渔夫已经好几天没有捕到鱼了，现在他_____，愈发憔悴了。

3. 若不懂得好好保护自己的身体，随着岁月的流逝，健康的情形会_____。

4. 在全球气候剧烈变化的危急形势下，各国政府的挽救措施都显得_____。

5. 政府近期将出台相关政策遏制广告行业_____、夸大其词欺骗消费者的行为。

6. 他的病情恶化，已经_____了。

7. 纪晓俊到家_____地汇报完自己这次考试又未及格的情况，只见爸爸_____，怒目而视。

第 32 篇

实习护士打针

老张生性**胆壮气粗**，唯独打针让他**不寒而栗**（lì）。

有一次，他旧疾复发，医生开出注射消炎药的处方，他**勉为其难**地接受。来到注射室门口，听到护士长说："今天考试的项目是为病人打针，大家做好心理准备了吗？"老张一想："实习护士的打针技术**捉襟**（jīn）**见肘**，一定很痛，与其**担惊受怕**地让实习护士当实验品，不如先出去逛一圈，待会儿找位**久经沙场**的护士打吧！"

老张逛回来后，发现注射室不再是先前的**雀喧鸠**（jiū）**聚**，他以为实习护士都已经完成打针的考试，心里暗自高兴，就放心地挽起衣袖准备打针，只听见护士长对一旁的实习护士说："请你去通知刚才没有通过考试的人出来补考。"

 成语意思 猜一猜

1._____：形容衣裳破旧。也比喻顾此失彼，应付不过来。

2.＿＿＿＿＿＿＿＿：形容胆大气盛，无所畏惧。

3.＿＿＿＿＿＿＿＿：形容纷乱吵闹。

4.＿＿＿＿＿＿＿＿：不寒冷而发抖。形容非常恐惧。

5.＿＿＿＿＿＿＿＿：担心害怕。指常处在惊吓、恐惧之中。

6.＿＿＿＿＿＿＿＿：长时间征战沙场。形容实际经验丰富。

 成语运用
猜一猜

1. 老师今天请假，由代课老师上课，许多同学都在聊天，课堂上犹如＿＿＿＿＿＿＿＿。

2. 为了不让家人＿＿＿＿＿＿＿＿，他开车从来不飙车。

3. 我们今天去参观纪念馆，纪念馆里面所展示的画面令人＿＿＿＿＿＿＿＿。

4. 那个流氓＿＿＿＿＿＿＿＿，不仅说话蛮横不讲理，还经常动手打人。

5. 吴教练是位＿＿＿＿＿＿＿＿的老兵，操练我们这些刚入伍的新兵不过是小菜一碟。

6. 我们的生活早已是＿＿＿＿＿＿＿＿，哪有什么余钱来打扮自己呢？

成语笑话 创作台

05

第五单元

第 33 篇

取出绿豆的妙法

　　一位住在**穷乡僻壤**的妇女在做农活时，让绿豆**莫名其妙**掉进了右耳。她**惊慌失措**，伸手去掏，结果越掏绿豆陷得越深。她使尽**浑身解（xiè）数**也无法取出，只好请医生帮忙。但是，她住的地方没有正式医师，为了尽快取出绿豆，只得**勉为其难**到没有营业执照的私人诊所去看。

　　医生**漫不经心**地检查她的右耳后，**开门见山**地对她说："有两个方法可以把绿豆取出来：一个方法是花一万元做个小手术，另一个免费的方法需要耐心。你选哪一种？"

　　妇女说："我当然要免费的方法。"医生**气定神闲**地说："你回去后，每天早晚往右耳浇水，等绿豆发芽后就可以拔出来。"妇女顿时**瞠（chēng）目结舌**，**哑口无言**。

 **成语意思**
猜一猜

1.＿＿＿＿＿＿：指使出全身的本领。

2.＿＿＿＿＿＿：比喻人做事随随便便，不放在心上。

3.＿＿＿＿＿＿：指没有人能说出它的奥妙。表示很奇怪，不明白怎么回事。

4. _____：比喻说话或写文章一开头就直截了当地进入正题。

5. _____：形容人的神态安详闲适。

6. _____：指贫穷、偏远的地方。

成语运用
猜一猜

1. 这部小说采用_____的笔法，开篇就把主人公的性格特点和盘托出。

2. 十年前，这里还是_____，可是现在已经成了远近闻名的富裕村了。

3. 她学业扎实，所以考试前总是一副_____的样子。

4. 就业压力越来越大，大学毕业生使出_____来谋求一份理想的工作。

5. 小海_____地被老师训斥了一顿，心里很不舒服。

6. 冬冬十分贪玩，上课总是_____，根本不认真听讲。

成语万事通

描写山的成语

　　除开门见山外，描写山的成语有很多，如：崇山峻岭、山清水秀、山穷水尽、大好河山、刀山火海、地动山摇、高山深涧、悬崖峭壁、峰峦雄伟、漫山遍野、江山如画、锦绣山河。你还知道哪些描写山的成语吗？

第 34 篇

住 宿

　　小王常常利用假期出国旅游。因为出国观光的花费不少，所以他平时只能**克勤克俭**，过着**粗茶淡饭**的生活。

　　这一次他到欧洲，异域风光让他**流连忘返**，丰富多彩的风土人情使他**目不暇接**。就在参观完巴黎博物馆后，他算了算剩下的旅费，发现即将**阮囊羞涩**（ruǎn náng xiū sè），所以必须节省开销。

　　这天傍晚，他到处寻找设备齐全但价格便宜的旅馆，总算找到一家"**麻雀虽小，五脏俱全**"的小旅馆，老板告诉他房间的价格："二楼五百元，三楼四百元，四楼三百元，五楼二百元。"他听完就默默地离开了。

　　老板追出去问："先生，请问您对哪里不满意？"小王回答："没有不满意，只是你们旅馆的楼层不够高。"

成语意思
猜一猜

1. ＿＿＿＿＿＿＿：比喻事物的体积或规模虽小，具备的内容却很齐全。

2. ＿＿＿＿＿＿＿：形容留恋景物或某种事物而不愿离去。

3. ＿＿＿＿＿＿＿＿：比喻经济困难，手头无钱。

4. ＿＿＿＿＿＿＿＿：既能勤劳，又能节俭。

5. ＿＿＿＿＿＿＿＿：眼睛来不及看。形容吸引人的事物很多，
　　　　　　　　　　看不过来。

6. ＿＿＿＿＿＿＿＿：简单的、粗劣的饭食。形容清苦的生活。

成语运用
猜一猜

1. 三清山明媚的风光使来旅游的游客＿＿＿＿＿＿＿＿＿。

2. 他们夫妻俩多年来一直＿＿＿＿＿＿＿＿，就是为了供应在
国外攻读博士学位的儿子。

3. 妈妈常说生活只要感到惬（qiè）意，就是＿＿＿＿＿＿＿＿
也很快乐。

4. 受金融海啸的冲击，他失业半年了，如今已＿＿＿＿＿＿＿，
生活困窘（jiǒng）。

5. 学校门口的书店规模虽小，但各门功课的辅导资料应有尽
有，真是＿＿＿＿＿＿＿＿。

6. 立交桥上，自行车、汽车、行人川流不息，令人＿＿＿＿＿＿＿。

第 35 篇

非洲观光

一群美国游客到非洲旅行。非洲的自然景观是彩色的，非洲人的生活——他们的衣食住行、歌舞、艺术，无一不是彩色的。原生态的非洲同美国都市的繁华与喧嚣（xiāo）**天差地远**，大家都有**不虚此行**的感觉。

在一个**火伞高张**的下午，众人来到一条小河边，一群人想下去玩水，于是问一个土著人："请问河里有没有鳄鱼？"这个土著人说："我住在这里二十几年了，没见过鳄鱼。"

这群游客听了很高兴，一个个脱下外衣，放心地跳下河游泳，只见这个土著人一脸**张皇**（huáng）**失措**，一副**欲言又止**的样子。有一个没有下水的游客不解地问："为什么这里没有鳄鱼呢？"土著说："因为这里的食人鱼**狼顾鸢**（yuān）**视**，把鳄鱼都吓跑了呀！"

成语意思
猜一猜

1.＿＿＿＿＿＿：表示行动结果令人满意。

2.＿＿＿＿＿＿：比喻两者相差极大。

3.＿＿＿＿＿＿：形容凶狠而贪婪（lán）。

4.＿＿＿＿＿＿：比喻烈日当空。

5._____:慌张得不知如何是好。

 成语运用
猜一猜

1.贪官污吏_____,穷苦百姓生活在水深火热之中。

2.夏日炎炎,_____,海滨挤满了戏水的人。

3.看他_____的样子,恐怕事情很急。

4.这趟欧洲旅行让我大开眼界,真是_____。

5.城市与乡村在建设上_____,想要缩短城乡差距,要靠政府和人民一起努力。

 成语 万事通

凶残的食人鱼

食人鱼的性格十分残暴,外形却很小巧,色彩鲜艳美丽。在亚马逊河流域,一些在水中玩耍的孩子和洗衣服的妇女,常常会受到食人鱼的攻击,所以它被称为"水鬼"。

遇到有食人鱼的河流,居民就会先把一头病弱的老牛赶进河里,用调虎离山计引开河中的食人鱼,然后赶着牛群迅速过河。那匹作为牺牲品的老牛,不到十分钟就会被凶残的食人鱼咬得只剩下一副白骨残骸(hái)。

食人鱼为什么这样厉害?因为它颈部短,上下颚(è)的咬合力量大得惊人,可以咬穿硬邦邦的木板,也能把钢做的钓鱼钩一口咬断。即使平时在水中称王称霸的鳄鱼,一旦遇到食人鱼,也会吓得缩成一团,赶快翻转身体,把坚硬的背部朝下,立即浮上水面,逃之夭(yāo)夭呢!

第 36 篇

旅馆的费用

有一对**吹毛求疵（cī）**的夫妇经常外出旅行，他们**游山玩水**，倒也**自得其乐**。一天，他们搭车远离**熙（xī）熙攘（rǎng）攘**的城镇，来到景色优美、**人烟稀少**的乡间时，夜幕降临，于是他们走进了一家旅馆。

这家旅馆大厅后面是两排客房，看来是一间规模不大、设备简单的旅馆。这对夫妇参观了每个房间，最后又回到大厅柜台。

这个穿着光鲜亮丽的太太很不礼貌地对老板说："你们这家旅馆简直像猪圈，房间小，设备差！住一晚要花多少钱？"对于这位太太**尖酸刻薄（bó）**的言辞，老板**毫不介意**，只是淡淡地回答："一头猪两千元，两头猪四千元。"

1.＿＿＿＿＿＿：形容人来来往往，非常热闹。

2.＿＿＿＿＿＿：比喻故意挑毛病，找岔子。

3.＿＿＿＿＿＿：形容说话或待人冷酷无情，不宽厚。

4.＿＿＿＿＿＿：丝毫不放在心上。

5.＿＿＿＿＿＿：自己可以从中得到乐趣。

成语运用
猜一猜

1. 整个下午,妹妹一个人在客厅里玩洋娃娃,＿＿＿＿＿＿＿＿。

2. 李小姐说起话来＿＿＿＿＿＿＿＿,得理不饶人,周围的人都被她伤害过,现在大家都尽量离她远远的。

3. 如果一个人对上班迟到＿＿＿＿＿＿＿＿,那他不可能是一个做事负责的人。

4. 过去的一个荒僻小村,如今成了＿＿＿＿＿＿＿＿的闹市,这里的变化真大啊!

5. 她连一点芝麻小事都要挑剔,未免太＿＿＿＿＿＿＿＿了。

成语 万事通

最豪华的旅馆——迪拜帆船酒店

在阿拉伯,一座银白色的帆船形塔状建筑矗(chù)立在海滨的一个人工岛上,这座塔共有五十六层,高度三百二十一米。这就是迪拜有名的帆船饭店,也称为阿拉伯塔。

阿拉伯塔不是真正的塔,而是英国设计师设计的饭店造型,其新颖程度已经令人印象深刻,而饭店的豪华程度更是令人叹为观止,甚至评论家们都不知道该给它定为几星:是五星,六星,还是七星?

据说到过这里以后,才能真正体会到什么叫作"金碧辉煌"。因为饭店里里外外的装饰,大多是用黄金打造而成。在这里,最低的房价也要九百美元,相当于人民币五千五百元左右,而最高级的总统套房则要一万八千美元,接近人民币十一万元!

第 37 篇

性命可以不要

张力**身无长**（cháng）**物**，每天过着**粗衣粝**（lì，粗糙的米）**食**的生活，却又十分好客。

一天，远方的朋友王杰来访，他留王杰吃饭，桌上就只有三道简单的菜肴（yáo），道道都是以豆腐入味。张力说自己对豆腐**情有独钟**："豆腐可是菜肴中的甘草，它可以使食材**化腐朽为神奇**。我一天不吃豆腐，便觉得**食之无味**，所以豆腐是我的性命。"王杰听了**点头会意**。

一个月后，王杰请张力吃饭，他记得张力最爱吃豆腐，就在鱼和肉中都放入豆腐。可是吃饭时，只见张力专挑鱼和肉吃，并不吃豆腐。

王杰见状**舌挢**（jiǎo，翘起）**不下**，忍不住问："你曾经说过豆腐是你的性命，今天怎么不吃豆腐了呢？"张力回答："有了鱼、肉，性命都可以不要。"

 成语意思 猜一猜

1._____：形容惊讶或害怕时的神态。

2. _____：穿粗糙的衣服，吃差的食物。形容生活清
苦。也指不追求生活享受。

3. _____：除自身外再没有多余的东西。形容贫穷。

4. _____：将事物变坏为好，变死板为灵巧，变无用
为有用。

5. _____：表示允可、赞许。

6. _____：对某一事物特别喜欢。

成语运用 猜一猜

1. 服装设计师老陈有一双_____的巧手，一块普通
的面料经过他的设计就成了漂亮的时装。

2. 在辩论场上，张诚同学的发言赢得了在场评委老师的一致
认可，评委们不断_____。

3. 王董事长事业有成，累积了万贯家财，但他生活简朴，不讲
究穿着和饮食，依然过着_____的生活。

4. 在众多稳重而优雅的古典音乐中，张老师对莫扎特的乐曲
_____，最欣赏它轻快、诙谐（huī xié）的曲风。

5. 老刘听到儿子经营的百货公司倒闭的消息，仰面视天，
_____。

6. 罗总当初来到这个城市时举目无亲，_____，全
凭自己白手起家。

第 38 篇

数 羊

在青海一带的居民多数过着游牧生活，他们逐草而居，每户人家都养羊。他们每天到草原上放牧，草原**广袤**（mào）**无垠**（yín）、**一碧万顷**（qǐng），有时一整天都看不到其他人。

在一个**云淡风轻**的日子，两个牧羊人**萍水相逢**，他们很开心，一下子就聊开了。一个**短小精悍**（hàn）的牧羊人，想要炫耀（xuàn yào）他家的财富，便问另一个**高头大马**的牧羊人："你家养了几只羊？"这个身材壮硕（shuò）的牧羊人腼腆（miǎn tiǎn）地回答："我不知道。"

"是真的不知道，还是你不会数数呢？你该不会是哄（hǒng，欺骗的意思）我的吧！"**短小精悍**的牧羊人有些讶异。"我当然会数数呀！只不过我每次数羊的时候，数着数着，就**不知不觉**地睡着了。"

1.＿＿＿＿＿＿＿：微风轻拂，浮云淡薄。形容天气晴朗美好。

2.＿＿＿＿＿＿＿：形容广阔得望不到边际，辽阔无边。

3.＿＿＿＿＿＿＿：形容青绿无际。

4._____：形容人的身材高大。

5._____：比喻互不相识的人偶然相遇。

6._____：形容身体矮小而精明强悍的人。

成语运用
猜一猜

1. 你这样_____的人，怎么还会怕小小的蟑螂呢？

2. 在_____的日子，我喜欢赴外赏花踏青。

3. 张诚个子不高，但是_____，每次班级聚会都是他前前后后地张罗。

4. 月球上没有宫殿，没有嫦娥和玉兔，只有_____的荒野。

5. 驱车穿过河谷平原，眼前是_____的稻田。

6. 雷锋无私地帮助了很多_____的人。

成语 万事通

含有动物的成语

　　"高头大马"是含有动物"马"的成语，含有动物的成语很多，如：万象更新、对牛弹琴、亡羊补牢、鸡鸣狗盗、声名狼藉、狗急跳墙、黔驴技穷、杯弓蛇影、如鱼得水、骑虎难下、一箭双雕、鸡毛蒜皮、惊弓之鸟、鹤发童颜、守株待兔、指鹿为马、画龙点睛等。你能说出上面成语都含有哪些动物吗？

第 39 篇

士兵的防御（yù）哲学

刘教官是新兵训练营的教官，专门负责新兵基本武术的训练课程。

有一天，他向一群新兵讲解空手夺刃和空手夺枪的训练课程，做了**言简意赅**（gāi，完备）的总结："今天的课程是教你们没带武器时，如何空手对付一个有武器的人。想要达到**驾轻就熟**的地步，并非**轻而易举**，还需**孜**（zī）**孜不倦**地练习。"于是他要求士兵们两两交替训练。

训练结束之后，刘教官想考验新兵的应变能力，他问一名士兵："假如你背着枪在夜里轮值守卫一座桥，突然发现一个**赤手空拳**的敌人，**饿虎扑羊**一般向你攻击，你怎么办？"被指名的士兵经过短暂的思考后回答："我认为应该先把身上的枪扔到河里，这样敌人就不会为了夺枪而大开杀戒，我也不会惹来**杀身之祸**了。"

 成语意思
猜一猜

1.＿＿＿＿＿＿＿：比喻对所办的事情很熟悉，做起来很轻松。

2.＿＿＿＿＿＿＿：指工作或学习勤奋，不知疲倦。

3.＿＿＿＿＿＿：形容说话写文章简明扼要。

4.＿＿＿＿＿＿：形容事情做起来很容易，毫不费力。

5.＿＿＿＿＿＿：丧失生命的灾祸。

6.＿＿＿＿＿＿：两手空空。比喻没有任何依靠。

7.＿＿＿＿＿＿：像饥饿的老虎扑向食物一样。比喻动作十分猛烈而迅速。

 成语运用
猜一猜

1. 姑娘们已经饥肠辘（lù）辘，远远看到餐厅，顾不得维护淑女形象，个个像＿＿＿＿＿＿般冲过去。

2. 要爬上这座陡峭的山，需要登山的器材，如果＿＿＿＿＿＿就想爬到山顶，那是不可能的。

3. 我初次操作这部机器时感觉有些复杂，但经常使用后就＿＿＿＿＿＿了。

4. 我们要学习保护自己，千万不要轻易将钱财外露，以免遭到歹徒觊觎（jì yú），而惹来＿＿＿＿＿＿。

5. 他长年累月＿＿＿＿＿＿地工作，多次被评为优秀员工。

6. 郑老师讲话总是＿＿＿＿＿＿，从不拖泥带水。

7. 治理雾霾（mái）不是＿＿＿＿＿＿的事，需要我们长期共同努力。

第 40 篇
将军与士兵

有一位将军到前线慰（wèi）问**劳苦功高**的士兵。

他刚抵达前线，敌方的狙（jū）击手就发射了一枚子弹，从将军的头顶飞过。将军**惊惶失措**，立刻扑倒在地，并且下达命令："立刻锁定敌方狙击手，歼灭对方。"士兵对于将军的命令**无动于衷**，对于不时从头顶呼啸而过的子弹也**视若无睹**。

将军对士兵**目中无人**的态度**怒形于色**，厉声斥责邻近的一名士兵："你为什么不听从命令，赶快射杀敌方的狙击手？"士兵挺起胸膛，**一本正经**（jīng）地说："报告将军，如果射杀了这名狙击手，我担心敌军会换上一名**百步穿杨**的神射手，那时候我们就**危在旦夕**了。"

成语意思
猜一猜

1.＿＿＿＿＿＿：形容对眼前事物漠不关心。

2.＿＿＿＿＿＿：内心的愤怒显露在脸上。

3.＿＿＿＿＿＿：形容危险就在眼前。

4.＿＿＿＿＿＿：指勤劳辛苦，功劳很大。

5.＿＿＿＿＿＿：眼里没有别人。形容骄傲自大，看不起别人。

6.＿＿＿＿＿＿：形容射箭或射击技术非常高明。

1. 杨洋具备高超的射箭技巧，经常应来宾的需求，表演_____的绝技。

2. 连日来的暴雨，造成山上的土石松动，酿成泥石流灾情，当地居民_____，亟（jí）待援助。

3. 王朵儿在上课时和同学聊天，干扰到大家听讲，对老师的提醒和规劝，竟然_____。

4. 自从考试成绩进入前三名以后，刘乐乐开始骄傲起来，经常_____。

5. 彭德怀同志_____，但他从不居功自傲。

6. 王经理因为工人拖延工程进度而_____。

危在旦夕的典故

三国时期，黄巾起义军包围了北海郡府营陵城，当时情况十分危急，郡守孔融派勇士太史慈杀出重围。太史慈赶到平原郡对刘备说："我太史慈一介草民，与孔融非亲非故，只是彼此志趣相投，相互帮助罢了。现在孔融被围，孤立无援，早晚有可能失守啊！他听说您是一位仁义英雄，常帮人排忧解难，特派我冒死突围，向您求救。"

刘备听后十分感动，马上出兵支援，解了北海之围。

成语笑话创作台

06

第六单元

第 41 篇

活命之道

　　经过一场腥（xīng）**风血雨**的战斗后，将军对身边一名士兵大加称赞："这次战斗中，你一直在旁边保护我，使我**毫发无伤**，你的**赤胆忠心**令人感动，所以我要特别奖赏你。"这名士兵高兴地接受了将军的奖赏。

　　不过，将军对他**视死如归**、勇于保护自己的行为感到十分好奇，于是问他："你为什么愿意那么拼命地保护我？"这名士兵**毫不讳**（huì）**言**地回答："我父亲再三叮嘱我，打仗时要跟将军**如影相随**，因为将军总是在队伍的最后方，所以比较安全。"

　　将军本来对这名士兵感激不尽，但听到这样的回答，心中不禁**百感交集**，他问士兵："你父亲是做什么的？"士兵回答："他是个老兵，以前也是跟在您身边的。"

1.＿＿＿＿＿＿：无数感想交织在一起。

2.＿＿＿＿＿＿：风里夹着腥味，血溅得像下雨一样。形容残酷屠杀的景象。

3.＿＿＿＿＿＿：形容十分忠诚，没有二心。

4.＿＿＿＿＿＿：把死看成像回家一样平常。形容勇敢，不怕死。

5.＿＿＿＿＿＿：坦白直说，没有可以忌讳掩饰的。

6.＿＿＿＿＿＿：比喻两个事物关系密切或两个人关系密切，
　　　　　　　　不能分离。

成语运用
猜一猜

1. 战场上，军人要有＿＿＿＿＿＿＿＿的精神，才能勇往直前，
为国家战斗。

2. 值班人员小李对于自己犯下的错误＿＿＿＿＿＿＿，表示
愿意承担相应后果。

3. 两军交战的战况激烈，＿＿＿＿＿＿＿的景象，让人怵（chù）
目惊心。

4. 王芳同书本＿＿＿＿＿＿＿，不论到哪里，只要一有时间
她就拿出书来读。

5. 他回到童年生活过的小山村，家乡的巨变使他＿＿＿＿＿＿
＿＿＿＿＿。

6. 岳飞精忠报国的＿＿＿＿＿＿＿、文天祥宁死不屈的浩
然正气、邓世昌视死如归的英雄气概都是爱国精神的集中
表现。

第 42 篇
另有优惠

　　自从这部在奥斯卡影展荣获大奖的影片上市后，电影院门口每天都是**人山人海**，卖票窗口前更是排着长长的队伍，从早到晚**人欢马叫**的。

　　这天，小梅和几个朋友一大早就赶来排队买票，他们一人买四张，算算手中的票也有二十来张了。他们想借这个机会，从中转售牟利，于是分别在电影院周围兜售。小梅知道这样的赚钱行为违法，害怕被警察发现，因此**左顾右盼、鬼鬼祟（suì）祟**地询问看似要买电影票的人："这里有座位很好的电影票，一张四百元！要不要？"

　　随着影片放映时间愈（yù）来愈接近，小梅手中的电影票也**奇货可居**。看着电影票一张张地被顺利卖出，她不禁**眼笑眉飞**。这时，一个**虎背熊腰**的男子走近她，小梅问："先生，您要几张票？"这个男子面无表情地回答："我是警察！"他说完亮出证件。小梅不觉有异，仍然笑盈盈地说："喔，您是警察，我以军人票优惠给您，一张只要两百元！"

成语意思 猜一猜

1. _____：形容热闹欢腾、生气勃勃的景象。

2. _____：形容聚集的人非常多。

3. _____：形容极度高兴。

4. _____：背宽厚如虎，腰粗壮似熊。形容人高大
魁（kuí）伟。

5. _____：把稀有的货物储存起来，等待高价卖出去。

6. _____：形容行动诡秘，怕人发现的样子。

成语运用 猜一猜

1. 洪灾过后，多地损失惨重，一时间这些常见的生活必需品变
得_____。

2. 幸运中奖总是让人_____，即使奖金不多，也能
带来很多快乐。

3. 在_____的保镖护卫下，超级巨星上台了，瞬（shùn）
间引爆了整个体育馆，歌迷的尖叫声，几乎要将屋顶掀开。

4. 节日的公园里总是_____，十分拥挤。

5. 我都替你们害臊（sào）！你们_____干的那些事，
瞒不过大家。

6. 田野上_____，一片丰收的景象。

第 43 篇

狗打呵欠（hē qian）

耳顺之年的张老先生**红光满面、神采奕（yì）奕**，只是听力逐渐减退，平时靠助听器与人交谈，有时也使用手语或读唇语与人沟通，因此对生活事务的处理尚能**应付自如**。

一天，张老先生听说朋友遇到难事**心如火焚**，于是急忙赶往朋友家，竟然忘了戴上助听器。来到朋友家门口，朋友家的狗吠（fèi）个不停，就像是**蜀（shǔ）犬吠日**一般，可是张老先生因为一心只想赶快见到朋友，对于狗吠一事**浑（hún）然无知**。

朋友听见自家的狗在狂吠，出来察看，才知道是张老先生来访，他高兴地将老先生迎进客厅。张老先生一坐定，立刻好意地告诉朋友："你的狗昨天一定是没睡好，刚才我看它**呵欠连天**呢！"

成语意思
猜一猜

1. _____：心中好像火烧一样。形容焦急万分。

2. _____：四川多云雾，偶见太阳破云而出，狗竟受惊吓而向太阳狂吠。后用以比喻少见多怪。

3. _____：不断地打哈欠。比喻非常疲倦的样子。

4. _____：形容精神旺盛，容光焕发，风采动人。也指艺术作品生动感人。

5. _____：形容事情处理得从容、轻松。

6. _____：形容糊里糊涂，什么都不知道。

成语运用
猜一猜

1. 爸爸昨晚熬（áo）夜看电视转播的棒球赛，所以今天精神不济，_____。

2. 高考马上开始，芳芳的准考证不见了，她_____、失声痛哭。

3. 被车撞后，当时我是_____，脑子里一片空白。

4. 目光短浅、因循守旧的人，对于新鲜事物，就像_____一般大惊小怪。

5. 他身强力壮，工作了一夜，依然_____。

6. 比起与人相处，他和电脑打交道更能_____。

第 44 篇

偷肉妙计

很久以前，有个富翁要在家宴请宾客，于是请了厨师来做菜。这个厨师在料理菜肴时，发现厨房管理松懈（xiè，不紧张），**有机可乘**（chéng），就拿了一大块肉藏在头上的帽子里。

恰巧这**鸡鸣狗盗**的情景被走进来的富翁看到。富翁想捉弄一下厨师，就笑嘻嘻地说："你工作太辛苦了，我是特地来感谢你的。"富翁一边说着，一边对他**打躬作揖**（yī）。

偷肉的厨师心想：如果我也作揖回礼，帽子里的肉可能会掉下来，偷肉的事情便会**原形毕露**。于是他急忙下跪，**诚惶诚恐**地对富翁说："老爷**富而不骄**，对我竟然行这样的拜谢大礼，我实在不敢当，就以下跪来回礼吧！"于是就双膝跪下，帽子内的肉也因此保住了。

 **成语意思**
猜一猜

1. _____：比喻低贱卑下的技能或行为，也指有这种技能或行为的人。

2. _____：指非常惊慌害怕。也指心中惊恐不安。

3. ＿＿＿＿＿＿＿＿：有机会可以利用，指有空子可以钻。

4. ＿＿＿＿＿＿＿＿：很富有，但不趾高气扬。

5. ＿＿＿＿＿＿＿＿：弯身并以两手抱拳行礼。表示恭敬顺从或
　　　　　　　　　恳求的样子。

6. ＿＿＿＿＿＿＿＿：指原本的面目完全暴露了。

成语运用 猜一猜

1. 王先生对人彬（bīn）彬有礼，见到人时，总是热情地＿＿＿＿＿
＿＿＿＿＿＿。

2. 张萌萌家境富裕，对人也十分和气，这种＿＿＿＿＿＿＿＿＿
的气质，让大家非常喜欢她。

3. 经过他多日来的明察暗访，公司的泄密案终于水落石出，内
贼＿＿＿＿＿＿＿＿，让大家松了一口气。

4. 深夜不要逗留在外面或一个人单独行动，以免让歹徒＿＿＿＿
＿＿＿＿＿＿。

5. 经历过几次失败后，他一直＿＿＿＿＿＿＿＿，害怕创业再
次失败。

6. 他不好好工作，尽干些＿＿＿＿＿＿＿＿的事，让人实在瞧
不起。

第 **45** 篇

你叫什么？

心月有**闭月羞花**的美貌，所到之处，总是那么**引人注目**。所以，她身边经常聚集一群朋友，如**众星捧月**一般。

嘉（jiā）诚是邻近学校的大学生，一天放学时与心月**萍水相逢**，对她**一见钟情**，自此**朝思暮想**。嘉诚生性羞怯（xiū qiè），不知如何开口。后来，他发现心月每周二放学后都会独自去一家面店吃面，于是下定决心，要利用这个机会跟她说上话。

这一天，嘉诚远远地跟随心月来到面店。心月找了一个靠窗的座位坐下来，店内**门可罗雀**，嘉诚见**机不可失**，终于鼓起勇气向她说："姑娘！你叫什么？"心月看了他一眼，回答说："我叫牛肉面！"

1.＿＿＿＿＿＿：指吸引人们的注意。

2.＿＿＿＿＿＿：形容女子貌美，足使花、月为之退掩、失色。

3.＿＿＿＿＿＿：多指男女双方一见面就产生了爱情。

4.＿＿＿＿＿＿：机会难得，不可错失。

5. ＿＿＿＿＿＿＿：大门之前可以张起网来捕麻雀。形容十分
冷落，宾客稀少。

6. ＿＿＿＿＿＿＿：比喻众人拥护、围绕着一个他们所敬仰的人。

成语运用
猜一猜

1. 经济不景气，大商场人流骤减，变得＿＿＿＿＿＿＿＿＿。

2. 成为＿＿＿＿＿＿＿＿的超级巨星，是许多人追求的梦想。

3. 小说里常出现＿＿＿＿＿＿＿＿＿的爱情故事，牵动着人们的
浪漫情怀，让少男少女们向往不已。

4. 两栖类动物领域的专家来了，现在你做的青蛙研究正遇到
瓶颈，＿＿＿＿＿＿＿＿，快去请教他吧！

5. 李东东在学校总是做出一些奇怪的动作来＿＿＿＿＿＿＿。

6. 拥有沉鱼落雁、＿＿＿＿＿＿＿＿＿的美貌，是大多数女孩的
梦想。

成语 万事通

"沉鱼落雁、闭月羞花"——中国四大美女

　　你知道"沉鱼落雁、闭月羞花"分别代表我国哪四大美
女吗？

　　"沉鱼"是春秋战国时期越国的浣（huàn）纱女西施，"落
雁"是汉朝顶替公主出塞和亲的王昭君，"闭月"是三国时汉
献帝的大臣司徒王允的养女貂蝉（chán），"羞花"指的就是
大名鼎鼎的唐朝杨贵妃。"鱼、雁、月、花"因惊艳于她们的美
貌而痴傻或羞愧，四大美女的说法便因此流传千古。

第 46 篇

牛排店的特别奖

赵家两姐妹对北京郊区一家**久负盛名**的牛排馆**心驰神往**，由于这家店**物美价廉**（lián），店内外经常**门庭若市**。顾客为满足口腹之欲，宁愿排长队。为了维护用餐秩序，店家最近订位改为预约方式。两姐妹好不容易订到座位，用餐当天一早就来到牛排馆。

古朴雅致的餐厅布置，**朱唇皓**（hào）**齿**的女服务员，**恭而有礼**的男服务员，香嫩多汁的牛排，都让姐妹俩心里充溢（yì）着幸福。就在细细品尝牛肉的时候，姐姐竟然发现盘子上黏（nián）着一只小小的苍蝇，她感到一阵恶心，两人**兴味索然**。找来老板，指着盘子**艴**（fú，也作怫，因生气而脸色难看）**然不悦**，说："你看这是什么？"

老板看到盘子上的苍蝇，先是愣了一下，脸上很快堆满笑容说："真是抱歉，让你们受到惊吓，但也算幸运，你们中了本餐厅'再来一份牛排'的特别奖！"

成语意思猜一猜

1.＿＿＿＿＿＿＿＿：毫无兴致的样子。一点儿兴趣都没有。

2. _____：鲜红的嘴唇和洁白的牙齿。形容女子美丽。

3. _____：长久以来享有很好的名声。

4. _____：门口和庭院就像集市一样，热闹非凡。形容往来的人很多。

5. _____：恭敬又有礼节。

6. _____：形容一心向往或思慕之极。

7. _____：生气时表现出一副脸色难看的样子。

成语运用 猜一猜

1. 今天是刘奶奶的寿诞，前往贺寿的人很多，刘奶奶家_____

_____。

2. 李教授已是中外赫（hè）赫有名的学者，但他仍然处处虚心学习，对人_____，真是令人敬佩。

3. 我们的英文老师是一位长发飘逸、_____的美女老师。

4. 我国的丝绸手工艺品精彩绝伦，在国际上_____。

5. 我对西藏_____已久，那儿实在是太美了！

6. 老师发现小强没写完家庭作业，立刻_____，厉声责备。

7. 网络上，很多小说内容空洞，语言贫乏，读起来使人_____

_____。

第 47 篇
最佳翻译

　　一位国王很喜欢养鸟，特地在王宫的花园里建造了一个很大的鸟园。外国使臣都知道了国王的嗜好（shì hào），于是，经常向国王敬献各种珍奇的鸟。

　　有一次，一位使臣**千里迢**（tiáo）**迢**地赶来，准备献上一对**弥**（mí）**足珍贵**的金丝雀。可是还没送到王宫，其中的一只金丝雀就因为**水土不服**死了。使臣**束手无策**，只好以当地的金丝雀**鱼目混珠**。

　　国王看见**稀世之珍**的金丝雀，非常高兴，但对当地的金丝雀**迷惑**（huò）**不解**，就询问使者："这金丝雀是同一品种吗？为什么要单独放在小鸟笼里？"使臣幽默地说："因为我们的金丝雀来自外国，会有语言沟通的困难，所以我就帮它在当地找了个翻译！"

成语意思
猜一猜

1._____：指对某一事物怀疑迷惑，认识不清。

2._____：形容路途遥远。

3._____：形容十分珍贵、非常珍贵。

4.＿＿＿＿＿＿＿＿＿：因生活环境变迁，造成不适应。

5.＿＿＿＿＿＿＿＿：比喻以假乱真。

 成语运用
猜一猜

1. 收藏古董要先培养鉴（jiàn）别能力，以免买到＿＿＿＿＿＿＿＿
＿＿＿＿的假货。

2. 姐姐初到国外念书时，因＿＿＿＿＿＿＿＿而病了一场。

3. 邻居张叔叔为了见病重的母亲最后一面，＿＿＿＿＿＿＿＿
地从美国赶回来。

4. 我目不转睛地盯着纸在爸爸手里发生奇妙的变化，但对于
怎么折还是＿＿＿＿＿＿＿＿。

5. 故宫博物院珍藏了许多＿＿＿＿＿＿＿＿的文物，很值得参观。

 成语 万事通

鱼目混珠的典故

从前满愿得到了颗很大的珍珠，大家都很羡慕。邻居寿量很妒忌，很想拥有。有一次，寿量在路上把一颗很大的鱼眼睛，误当作珍珠捡回家，然后大肆宣扬。后来两人得了同一种病，需要用珍珠的粉末和药材才能治好。寿量取出那颗所谓的"珍珠"，大家一看，都讽刺寿量："你真是鱼目混珠啊！"

鱼目混珠现用来比喻以假乱真，以次充好。

第 48 篇
两次空城计

　　有个外号叫"三国迷"的人，很想出去看戏，但又怕家里没人，会遭宵（xiāo）小（泛指坏人）光顾，后来想到用孔明的空城计。把大门打开，客厅点灯，然后就大胆去看戏。看完戏后，回到家里，发现家中物品**原封不动**，他为此**不可一世**，自认是"孔明再世"。

　　不久，另一个戏班来到村里演出，他又**依样葫芦**，在家摆下空城计就去看戏。这次看完戏，回到家，家里的东西**荡然无存**。"三国迷"开始大骂宵小是**丧尽天良**，而孔明的空城计则非**神机妙算**。邻居见他失去理智，就来一个**当**（dāng）**头棒喝**（hè），大声说："《三国志》中的孔明用了两次空城计吗？"

 **成语意思 猜一猜**

1. _____：原有的东西消失得一干二净，完全不复存在。

2. _____：认为当代的人都不行。形容目空一切、狂妄自大到了极点。

3. _____：比喻促使人梦醒的警告。

4. _____：形容一个人泯（mǐn）灭人性，恶毒到了极点。

5. ＿＿＿＿＿＿＿：高明奇妙的计谋策略。形容有预见性，善于估计客观情势，决定策略。

成语运用
猜一猜

1. 这次失败，对他来说，无疑是＿＿＿＿＿＿＿，使骄傲的他猛然醒悟。

2. 看他如此镇定自若，一定有什么＿＿＿＿＿＿＿，等着对方自投罗网。

3. 警方展开地毯式地搜索，一定要将那＿＿＿＿＿＿＿的凶手绳之以法。

4. 一场大雨过后，原本悬浮在空中的灰尘＿＿＿＿＿＿＿。

5. 希特勒是一个高高在上、＿＿＿＿＿＿＿的独裁者。

成语 万事通

失算的孔明

　　诸葛孔明神机妙算，但也有失算的时候。一天，孔明碰到一位挑着担子卖酒与豆腐的老公公。老公公问："一斤豆子可以做多少豆腐？一斤高粱可以酿多少酒？"

　　孔明虽然上知天文，下知地理，但是怎么也算不出来。老公公笑着说："用豆子做豆腐，水多，豆腐就嫩；水少，豆腐就老，所以一斤豆子可以做出多少豆腐，可是个未知数呢！但是高粱酒就不同了，高粱放在桶里蒸，桶上有锅，锅上结水气，水气又变成酒，一斤高粱能蒸出一斤多的酒呢！"你算出来了吗？

参考答案

第1篇	一、千依百顺	前仰后合	从令如流	前因后果	琴瑟和鸣	凤凰于飞
	二、凤凰于飞	千依百顺	前因后果	琴瑟和鸣	前仰后合	从令如流
第2篇	一、意兴盎然	无微不至	宅心仁厚	简明扼要	苦思冥想	父慈子孝
	二、简明扼要	意兴盎然	无微不至	宅心仁厚	父慈子孝	苦思冥想
第3篇	一、煞有介事	颖悟绝人	惊喜交加	计无所出	怡然自乐	凫趋雀跃
	笑逐颜开	一筹莫展				
	二、颖悟绝人	怡然自乐	计无所出	一筹莫展	笑逐颜开	惊喜交加
	煞有介事	凫趋雀跃				
第4篇	一、近在咫尺	千叮万嘱	望眼欲穿	灰心丧气	长吁短叹	清新俊逸
	二、千叮万嘱	灰心丧气	近在咫尺	清新俊逸	望眼欲穿	长吁短叹
第5篇	一、判若两人	我行我素	苦口婆心	额蹙心痛	唯唯诺诺	
	二、我行我素	额蹙心痛	唯唯诺诺	苦口婆心	判若两人	
第6篇	一、士别三日，当刮目相待	十万八千里	口燥唇干	弄虚作假	独具慧眼	
	举棋不定					
	二、十万八千里	独具慧眼	士别三日，当刮目相待	口燥唇干	举棋不定	
	弄虚作假					
第7篇	一、区区小事	英雄所见略同	敬老慈幼	心烦意乱	争长论短	同气连枝
	二、英雄所见略同	同气连枝	区区小事	敬老慈幼	心烦意乱	争长论短

第8篇	一、息息相关	哄堂大笑	视如珍宝	心无旁骛	兴致淋漓	
	二、哄堂大笑	视如珍宝	兴致淋漓	心无旁骛	息息相关	
第9篇	一、痛不欲生	荒谬绝伦	屏气敛息	后起之秀	拱手让人	古道热肠
	二、拱手让人	屏气敛息	荒谬绝伦	痛不欲生	古道热肠	后起之秀
第10篇	一、怒发冲冠	勉为其难	忧心如捣	闻风而动	鸦雀无声	正襟危坐
	二、忧心如捣	勉为其难	鸦雀无声	正襟危坐	闻风而动	等闲视之
第11篇	一、纤尘不染	窗明几净	天南海北	巧夺天工	不知就里	久别重逢
	二、天南海北	纤尘不染	不知就里	巧夺天工	久别重逢	
第12篇	一、撒娇撒痴	焦躁不安	攒眉蹙额	严惩不贷	倒背如流	啧啧称奇
	七窍生烟					
	二、焦躁不安	倒背如流	撒娇撒痴	攒眉蹙额	严惩不贷	七窍生烟
	啧啧称奇					
第13篇	一、一线生机	如愿以偿	错误百出	焚膏继晷	命悬一线	一帆风顺
	战战兢兢					
	二、错误百出	一线生机	如愿以偿	命悬一线	一帆风顺	战战兢兢
	焚膏继晷					
第14篇	一、惶惶不安	魂不守舍	疾言厉色	不识抬举	行色匆匆	大汗淋漓
	二、魂不守舍	不识抬举	惶惶不安	疾言厉色	行色匆匆	大汗淋漓
第15篇	一、兴趣盎然	因材施教	循序渐进	良师益友	循循善诱	
	二、循序渐进	良师益友	因材施教	循循善诱	兴趣盎然	
第16篇	一、神采飞扬	专心致志	畏葸不前	不亦乐乎	声若蚊蝇	快快不乐
	独乐乐不如众乐乐					
	二、畏葸不前	独乐乐不如众乐乐	专心致志	神采飞扬	不亦乐乎	

快快不乐　声若蚊蝇

第17篇　一、心服口服　血气之勇　谦谦君子　振聋发聩　不足挂齿

　　　　二、振聋发聩　谦谦君子　血气之勇　不足挂齿　心服口服

第18篇　一、寥寥可数　平分秋色　物以类聚　朋比为奸　豁然开朗　深入浅出

　　　　二、寥寥可数　物以类聚　平分秋色　深入浅出　朋比为奸　豁然开朗

第19篇　一、寥寥无几　萎靡不振　家喻户晓　重整旗鼓　杂乱无章　洞若观火

　　　　二、洞若观火　重整旗鼓　萎靡不振　家喻户晓　杂乱无章　寥寥无几

第20篇　一、大发雷霆　滂沱大雨　对簿公堂　息事宁人　两全其美　大有起色

　　　　　　优柔寡断

　　　　二、对簿公堂　两全其美　大发雷霆　大有起色　息事宁人　滂沱大雨

　　　　　　优柔寡断

第21篇　一、水碧山青　悠然自得　天朗气清　挖空心思　无计可施

　　　　二、无计可施　挖空心思　水碧山青　悠然自得　天朗气清

第22篇　一、好事多磨　金榜题名　低眉垂眼　装腔作势　满面春风　讨价还价

　　　　二、装腔作势　满面春风　好事多磨　低眉垂眼　金榜题名　讨价还价

第23篇　一、退避三舍　池鱼之殃　锐不可当　冠盖云集　冲口而出　临危不惧

　　　　　　风驰电掣　束手无策

　　　　二、冲口而出　锐不可当　冠盖云集　池鱼之殃　临危不惧　退避三舍

　　　　　　束手无策　风驰电掣

第24篇　一、游刃有余　崭露头角　默默无闻　不胫而走　通宵达旦

　　　　二、崭露头角　默默无闻　不胫而走　通宵达旦　游刃有余

第25篇　一、安居乐业　意兴阑珊　一丝一毫　同病相怜　彪炳千秋　政通人和

　　　　　　百废俱兴　蒸蒸日上

二、一丝一毫　同病相怜　彪炳千秋　意兴阑珊　政通人和　百废俱兴
　　蒸蒸日上　安居乐业

第26篇 一、屏息凝神　铿锵有力　精益求精　行家里手　恪尽职守　别开生面
　　浩浩荡荡

二、浩浩荡荡　别开生面　屏息凝神　铿锵有力　行家里手　精益求精
　　恪尽职守

第27篇 一、满腹疑团　五彩缤纷　义正辞严　车水马龙　蠢蠢欲动　摩肩接踵
二、义正辞严　车水马龙　蠢蠢欲动　五彩缤纷　摩肩接踵　满腹疑团

第28篇 一、比比皆是　心浮气盛　一命呜呼　自我吹嘘　魂亡胆落　大言不惭
二、心浮气盛　比比皆是　魂亡胆落　大言不惭　自我吹嘘　一命呜呼

第29篇 一、风花雪月　如法炮制　无关痛痒　独坐愁城　相交甚笃　一面之交
二、无关痛痒　独坐愁城　如法炮制　风花雪月　一面之交　相交甚笃

第30篇 一、温文尔雅　平心静气　不惑之年　花信年华　形形色色　坚定不移
　　不可理喻

二、形形色色　不惑之年　花信年华　温文尔雅　坚定不移　不可理喻
　　平心静气

第31篇 一、命在旦夕　自吹自擂　胆战心惊　形如枯槁　捋袖揎拳　江河日下
　　缓不济急　仓皇出逃

二、仓皇出逃　形如枯槁　江河日下　缓不济急　自吹自擂　命在旦夕
　　胆战心惊　捋袖揎拳

第32篇 一、捉襟见肘　胆壮气粗　雀喧鸠聚　不寒而栗　担惊受怕　久经沙场
二、雀喧鸠聚　担惊受怕　不寒而栗　胆壮气粗　久经沙场　捉襟见肘

第33篇 一、浑身解数　漫不经心　莫名其妙　开门见山　气定神闲　穷乡僻壤

二、开门见山　穷乡僻壤　气定神闲　浑身解数　莫名其妙　漫不经心

第34篇　一、麻雀虽小，五脏俱全　流连忘返　阮囊羞涩　克勤克俭　目不暇接
粗茶淡饭

　　　　二、流连忘返　克勤克俭　粗茶淡饭　阮囊羞涩　麻雀虽小，五脏俱全
目不暇接

第35篇　一、不虚此行　天差地远　狼顾鸢视　火伞高张　张皇失措

　　　　二、狼顾鸢视　火伞高张　张皇失措　不虚此行　天差地远

第36篇　一、熙熙攘攘　吹毛求疵　尖酸刻薄　毫不介意　自得其乐

　　　　二、自得其乐　尖酸刻薄　毫不介意　熙熙攘攘　吹毛求疵

第37篇　一、舌挢不下　粗衣粝食　身无长物　化腐朽为神奇　点头会意
情有独钟

　　　　二、化腐朽为神奇　点头会意　粗衣粝食　情有独钟　舌挢不下
身无长物

第38篇　一、云淡风轻　广袤无垠　一碧万顷　高头大马　萍水相逢　短小精悍

　　　　二、高头大马　云淡风轻　短小精悍　广袤无垠　一碧万顷　萍水相逢

第39篇　一、驾轻就熟　孜孜不倦　言简意赅　轻而易举　杀身之祸　赤手空拳
饿虎扑羊

　　　　二、饿虎扑羊　赤手空拳　驾轻就熟　杀身之祸　孜孜不倦　言简意赅
轻而易举

第40篇　一、视若无睹　怒形于色　危在旦夕　劳苦功高　目中无人　百步穿杨

　　　　二、百步穿杨　危在旦夕　视若无睹　目中无人　劳苦功高　怒形于色

第41篇　一、百感交集　腥风血雨　赤胆忠心　视死如归　毫不讳言　如影相随

　　　　二、视死如归　毫不讳言　腥风血雨　如影相随　白感交集　赤胆忠心

第42篇	一、人欢马叫	人山人海	眼笑眉飞	虎背熊腰	奇货可居	鬼鬼祟祟
	二、奇货可居	眼笑眉飞	虎背熊腰	人山人海	鬼鬼祟祟	人欢马叫
第43篇	一、心如火焚	蜀犬吠日	呵欠连天	神采奕奕	应付自如	浑然无知
	二、呵欠连天	心如火焚	浑然无知	蜀犬吠日	神采奕奕	应付自如
第44篇	一、鸡鸣狗盗	诚惶诚恐	有机可乘	富而不骄	打躬作揖	原形毕露
	二、打躬作揖	富而不骄	原形毕露	有机可乘	诚惶诚恐	鸡鸣狗盗
第45篇	一、引人注目	闭月羞花	一见钟情	机不可失	门可罗雀	众星捧月
	二、门可罗雀	众星拱月	一见钟情	机不可失	引人注目	闭月羞花
第46篇	一、兴味索然	朱唇皓齿	久负盛名	门庭若市	恭而有礼	心驰神往
	鞅然不悦					
	二、门庭若市	恭而有礼	朱唇皓齿	久负盛名	心驰神往	鞅然不悦
	兴味索然					
第47篇	一、迷惑不解	千里迢迢	弥足珍贵	水土不服	鱼目混珠	
	二、鱼目混珠	水土不服	千里迢迢	迷惑不解	弥足珍贵	
第48篇	一、荡然无存	不可一世	当头棒喝	丧尽天良	神机妙算	
	二、当头棒喝	神机妙算	丧尽天良	荡然无存	不可一世	

1

超市风波

周末我和妈妈去了附近最大的超市。嚯！琳琅满目的商品真叫我眼花缭乱、目不暇接。顿时，我心里乐开了花。这下我可以"大显身手"啦！

我推着购物车，风驰电掣般地来到玩具区。不一会，我的购物车里各种各样的娃娃数不胜数。这时，妈妈走来对我说："这个不能买，你都多大了？还有这，这，这……统统不能买。"说着就把它们一个个都放回了货架。妈妈太投入了，顺手也把我放到了货架上，真让我哭笑不得。

指导老师：裴培 （河北省沧州市第二实验小学 田博涵）

谁是·小·偷

　　粗枝大叶的李警官接到一个**十万火急**的报警电话："李警官，有几个**狡猾奸诈**的劫匪在打劫路口的银行。"一向拖拖拉拉的李警官带上警队**风驰电掣**地赶去了。

　　到了银行，李警官发现有人拿着枪。这人一见到李警官就立刻跑得**无影无踪**了。这时，劫匪甲从人群中走出，起哄道："李警官，快去追，他竟敢在你的地盘作案！"李警官闻声便**风风火火**地追去了。劫匪甲松了一口气，对几个**彪形大汉**挥挥手，扛起钱走了。"幸好，是这个**三心二意**的李警官，要不然追的就不是拿玩具枪来取钱的人了。"劫匪甲**心有余悸**地说道。

指导老师：张秀红　　　　　　　　（四川省成都市成华小学　卞泽轩）

銀行

密 码

今天晶晶去银行自动取款机取钱，一路上**小心翼翼**地左右察看。她把卡插入取款机。取款机语音提示："请输入密码。"晶晶一时**不知所措**，**一本正经**地对着取款机大声地说："密码是6个0。"可过了好一会儿，取款机还是**纹丝不动**，把晶晶急得**号啕大哭**。

指导老师：刘维丽 　　　　　　（山东省淄博市高新区第三小学　李园梓）

狗和闪电

钱先生有一个**雷打不动**的习惯——不管刮风下雨，他都要带爱犬去散步。一天，钱先生**一如既往**牵着他的爱犬去散步。

忽然，不知是谁大声吆喝了一声："闪电！"说时迟那时快，一道闪电**应声而下**。"真是**无巧不成书**，我的爱犬就叫闪电，我还以为他是狗的粉丝！"钱先生**泪如雨下**地感叹。

指导老师：张秀红 　　　　　　　（四川省成都市成华小学　李玥）

蛇精的礼物

在一个阴风阵阵的山洞中，蛇精过生日。

"头一回收到这么多的礼物！"蛇精欣喜若狂。

可是打开一看，蛇精顿时呆若木鸡。

她欲哭无泪，因为里面只有高跟鞋、紧身裤和丝袜。

指导老师：张秀红 　　　　　　　（四川省成都市成华小学　陈希睿）

幸运儿

一天，老板娘来到会议室说："新的一年开始了，老板为大家准备了开年红包。"员工们兴高采烈地欢呼："耶，上班第一天就有红包拿。"有一个饱经风霜的员工，听到同事们拆开红包后说"一百，二百，三百……"心急火燎地拆红包，却发现只有一张老板的照片，他垂头丧气地说："谁要你的照片，臭自恋狂。"这时老板欢天喜地地问道："谁是拿到我照片的'幸运儿'？请来领取一万元大奖。"此时老板的照片已经被撕得七零八落了。

指导老师：张秀红 　　　　　　　（四川省成都市成华小学　易姝含）

我要当足球运动员

　　晚上，爸爸妈妈在客厅观看2018年世界杯足球赛——英格兰和巴拿马的比赛。我在书房**搜肠刮肚**地写作文，正当我**焦头烂额**之时，客厅突然传来激烈的喝彩声——英格兰进球了！我以**迅雷不及掩耳之势**跑到客厅跟着爸妈一起**欢呼雀跃**。等到他们对我**怒目而视**时，我又飞一般跑回了书房。

　　英格兰足球队"梅开六度"，客厅里**掌声雷动**。我这一晚是在**勤学苦练**"飞毛腿"的功夫。我要加强体育锻炼，也许一不小心成为今晚英格兰那个**连中三元**、大玩帽子戏法的前锋，比写作文有出息多了，到时爸爸妈妈一定会对我**赞叹不已**。

指导老师：胡小美

（江西科技学院附属小学　姚震川）

谁吃的皮

　　午饭过后，同学们从食堂**并然有序**地回到自己的教室，**和蔼可亲**的生活老师照例给同学们发水果。今天的水果是橘子，她一边发橘子，一边**温文尔雅**地说："橘子酸甜可口，营养丰富，一个橘子就可以满足人体一天所需的维生素 C 哦。"妍妍同学最喜欢吃橘子，**满心欢喜**地说："是的，我最爱吃橘子。"她一拿到橘子，就**迫不及待**地吃起来。其他同学也**津津有味**地吃着橘子。不一会儿，生活老师问道："过道上的橘子皮是谁吃的呀？"妍妍同学**眼疾手快**，捡起了橘子皮："报告老师，橘子是我吃的，这皮——不知道是谁吃的？"全班同学**捧腹大笑**。

指导老师：胡小美

（江西科技学院附属小学　田登）

老虎的生日

老虎大王过生日，现场高朋满座、人声鼎沸。小动物们都千方百计地讨好老虎大王，老虎准备的山珍海味让小动物们垂涎欲滴。

有一条蛇喝醉了，大言不惭地说："我敢咬老虎大王的尾巴，不信就咬给你们看。"小动物们都半信半疑，觉得不可思议。

于是蛇悄悄地爬到老虎的后面，咬了老虎尾巴一口，老虎顿时火冒三丈，咆哮如雷："是谁咬我的尾巴？"蛇见大事不妙转身就逃，老虎在后面穷追不舍，蛇逃到了河边，钻进草丛藏了起来。这时老虎正好看到一只乌龟从河里爬出来，老虎上前一把按住乌龟说："你以为穿上马甲我就不认识你了吗？"乌龟大惊失色，连忙将身体缩进了壳里。老虎束手无策，于是一脚将乌龟踢飞，正好打到了藏在草丛中的蛇，蛇一下子蹿了出来，老虎一把抓住蛇说："小样，你脱了马甲我照样认识你。"

指导老师：刘维丽　　　　　（山东省淄博市高新区第三小学　薛紫涵）

仔细看图，写出图画里藏着的成语。

（　　　　　　　）

（　　　　　　　）

（　　　　　　　）

（　　　　　　　）

（　　　　　　　）

（　　　　　　　）

动动脑二 连线找朋友

请将意思相近的成语用线连起来。

神机妙算	风和日丽
云淡风轻	料事如神
赤胆忠心	人山人海
门可罗雀	忠贞不渝
粗衣粝食	无人问津
游刃有余	粗茶淡饭
广袤无垠	驾轻就熟
鱼目混珠	一望无际
摩肩接踵	滥竽充数

请在下面火车车厢空白处填入意思相反的字，使成语完整。

仰　合

吁　叹

争　论

敬　慈

深　浅

差　远

危　在

无　足

动动脑四 **小蜜蜂采蜜**

小蜜蜂都采了哪些颜色的花？请把成语补充完整，再涂上相应颜色。

面　耳赤

　气东来

飞　腾达

　身碎骨

　心丧气

　璧微瑕

　草如茵

衣衫　缕

在下面的词语前后各插入一个字，组成一个成语。

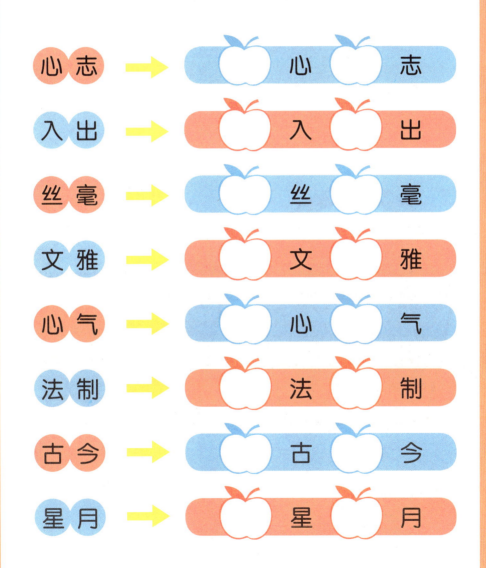

心 志 ➡ ◯ 心 ◯ 志

入 出 ➡ ◯ 入 ◯ 出

丝 毫 ➡ ◯ 丝 ◯ 毫

文 雅 ➡ ◯ 文 ◯ 雅

心 气 ➡ ◯ 心 ◯ 气

法 制 ➡ ◯ 法 ◯ 制

古 今 ➡ ◯ 古 ◯ 今

星 月 ➡ ◯ 星 ◯ 月

动动脑六 **投成语进篮**

根据下面成语不同的感情色彩，投进相应的篮子里。

大言不惭　父慈子孝　丧尽天良　古道热肠

巧夺天工　挖空心思　装腔作势　萎靡不振

宅心仁厚　不可一世　慧眼独具　神采奕奕

褒义词　　　　　　　贬义词

 扫一扫，
快来查看动动脑筋参考答案吧！

128

动动脑筋，快来和大家
分享一下·你学成语的好法子吧！

星级评价表

单元	篇目	流畅朗读笑话 ★	看着笑话口述两个"猜一猜"练习 ★★	看着答案中的成语创造性复述笑话 ★★★	用篇目中所学成语创作笑话 ★★★★
第一单元	第1—4篇				
	第5—8篇				
第二单元	第9—12篇				
	第13—16篇				
第三单元	第17—20篇				
	第21—24篇				
第四单元	第25—28篇				
	第29—32篇				
第五单元	第33—36篇				
	第37—40篇				
第六单元	第41—44篇				
	第45—48篇				